Gweddïo Cyhoeddus

Cyfrol 2

52 o weddïau a darlleniadau ar gyfer addoli cyhoeddus

Golygydd:
Aled Davies

Cyfraniadau gan:

Gareth Alban Davies	Trefor Jones Morris
Owain Llŷr Evans	John Owen
Menna Green	Dewi Roberts
Dafydd Hughes	John Rice Rowlands
Geraint Hughes	Robin Samuel
Tecwyn Ifan	Peter Thomas
Eifion Jones	

CYHOEDDIADAU'R
GAIR

ⓗ Cyhoeddiadau'r Gair 1996

Golygydd: Aled Davies.
Testun gwreiddiol: Gareth Alban Davies, Owain Llŷr Evans, Menna Green,
Dafydd Hughes, Geraint Hughes, Tecwyn Ifan, Eifion Jones, Trefor Jones Morris,
John Owen, Dewi Roberts, John Rice Rowlands, Robin Samuel, Peter Thomas.
Clawr: Ruth Evans

ISBN 1 85994 044 7

Dymuna'r cyhoeddwyr gydnabod cymorth Adran Olygyddol Cyngor
Llyfrau Cymru.

Cyhoeddwyd gan:
Cyhoeddiadau'r Gair, Cyngor Ysgolion Sul,
Ysgol Addysg, PCB, Ffordd Deiniol,
Bangor, Gwynedd LL57 2UW

Cynnwys

Rhagair

O Sul i Sul drwy Gymru benbaladr mae yna filoedd ar filoedd yn dod ynghyd i addoli Duw. Mae yna aelodau o deulu Duw yn ymgynnull yn rheolaidd ar y Sul ac yn ystod yr wythnos i weddïo, gan gyflwyno offrymau o ddeisyfiad ac eiriolaeth, diolchgarwch a mawl. Nid yw hyn yn newyddion i'r un ohonom wrth gwrs, ond weithiau mae angen i ni atgoffa ein hunain o werth a grym gweddi, ac o ffyddlondeb y saint. Y mae yna 'weddill ffyddlon' niferus yn arwain a rhannu mewn addoliad yn ein heglwysi a'n capeli - rhai yn medru gweddïo'n gyhoeddus, ac eraill yn teimlo'n llai hyderus i wneud hynny heb ganllaw ysgrifenedig.

Yn anffodus, stori gyffredin yw clywed am oedfaon yn cael eu 'gohirio' oherwydd nad yw'r 'pregethwr yn medru dod'. Diolch i'r cynulleidfaoedd lleol hynny sy'n ymdrechu i gynnal oedfa gan ddefnyddio eu doniau cynulleidfaol, ac i'r pwrpas hwnnw y cyflwynir y gyfrol hon. Ceir yma 52 o weddïau, gyda darlleniad pwrpasol i gydfynd â phob gweddi. Er mwyn llunio oedfa o gwmpas y deunydd, ceir tair cyfrol yn y casgliad, gyda'r un penawdau yn y tair. Golyga hyn bod tri darlleniad a thair gweddi ar bob thema rhwng y tri llyfr, a digon o ddeunydd am flwyddyn o Suliau.

Rhaid diolch i'r brodyr a'r chwiorydd hynny a gyfrannodd bum gweddi yr un i'r casgliad - a hynny ynghanol prysurdeb a gofal gwaith llawn amser. Diolch hefyd i Adran Olygyddol Cyngor Llyfrau Cymru am y gwaith golygyddol, Caren Wyn Jones am y teipio ac Elfed Hughes am y gwaith cysodi.

Wrth i ni gyflwyno'r casgliad i sylw'r eglwysi, ein gweddi yw y bydd i'r deunydd defosiynol yma fod yn gyfrwng i hybu a grymuso ein haddoliad ac yn fodd i ddyrchafu enw Duw.

Ein gobaith i'r dyfodol yw parhau y gyfres hon - felly os ydych am ychwanegu deunydd at y casgliad, mae croeso i chi ei anfon i mewn atom.

Gyda llawer o ddiolch,
Aled Davies.

Dechrau Blwyddyn

Darlleniad   **Josua 1, 1-9; 3, 1-4**
Rhufeiniaid 12, 9-21

Wrth droi atat, Arglwydd ein Duw, ein Craig a'n Prynwr, ar ddechrau
blwyddyn arall, argyhoedda ni o'r newydd ein bod ni, sydd mor
gaeth i amser, yn cael braint wrth agosáu atat ti, y Duw diamser. Na
foed inni anghofio fod un diwrnod yn dy olwg di fel mil o flynyddoedd,
a mil o flynyddoedd fel doe - cyn geni'r mynyddoedd, a chyn esgor
ar y ddaear a'r byd, o dragwyddoldeb hyd dragwyddoldeb. Ti sydd
Dduw. Wrth feddwl mai dros amser yn unig yr ydym yn tramwyo'r
ddaear, dysg inni gyfrif ein dyddiau, inni gael calon ddoeth.

Derbyn ein diolch am dy gysgod yn y gorffennol. Bu dy ddaioni
a'th drugaredd yn ein canlyn. Wrth ddiolch am fendithion bywyd a
fu'n ein cynnal, wrth ddiolch am dy haelioni a ddaeth bob bore o'r
newydd, cofiwn a meddyliwn am y rheiny sydd, ar ddechrau
blwyddyn arall, yn cael anhawster i gredu ynot ti o gwbl. Pobl a'u
hamgylchiadau wedi eu chwerwi. Pobl o bob oed a'u gobeithion
wedi troi'n lludw. Pobl wedi edrych am bethau gwych i ddyfod, ond
croes i hynny wedi digwydd. Pobl wedi gobeithio am y melys ond
wedi cael wermod. Gweddïwn yn arbennig dros bobl fel hyn,
Arglwydd. Pâr i'r flwyddyn newydd ddod â rhyw orfoledd iddynt,
rhyw dangnefedd a chysur o'r newydd na fedr y byd ei roddi. Planna
obaith yn eu calonnau.

Wrth inni sylweddoli mai yn dy law di y mae ein hamserau, helpa
ni i gofio er hynny dy fod yn gosod cyfrifoldeb mawr arnom ni. Gad
inni dreulio'r flwyddyn newydd yn nes atat ti. Diolchwn dy fod yn
gwybod ein defnydd ni; yr wyt wedi ein chwilio a'n hadnabod, yn
gwybod ein meddyliau o bell. Gwnawn addunedau fil ond methwn
â'u cadw. Y flwyddyn hon eto, byddwn yn gwneud y pethau na
ddylem, ac yn esgeuluso gwneud y pethau y dylem eu gwneud.
Byddwn fel defaid yn troi, bawb i'w ffordd eu hun. Byddwn yn
hunanol - yn meddwl amdanom ein hunain yn unig. Arglwydd

7

trugarog, ar ambell adeg o leia yng nghanol ein prysurdeb materol, cwyd ein meddyliau ni uwchlaw cymylau amser, i geisio meddwl am egwyddorion dy deyrnas di.

Ar ddechrau blwyddyn newydd gweddïwn dros blant ein gwlad. Cyflwynwn hwynt i ti. Mae'r dyfodol o'u blaen hwy. Dyfodol, fel pob dyfodol erioed, sydd yn ansicr. Mae yna demtasiynau fil yn mynd i'w hwynebu. Bydd peryglon ar bob llaw. Cadw hwy yn ddiogel, O! ein Duw, oddi wrth bob math o gyffuriau sydd mor niweidiol, oddi wrth ddrygioni o bob math. Meddyliwn am blant heb ddiogelwch cariad, na chartref lle mae mam a thad yn ofalus ohonynt. Am blant sy'n cael eu magu mewn tlodi, hyd yn oed mewn gwlad fel ein gwlad ni. O! Dduw, cymer drugaredd ar ein dyddiau.

Gweddïwn dros ein pobl ifainc. Llawer ohonynt mewn anobaith oherwydd diffyg gwaith. Llaweroedd yn cael bywyd yn ddiflas a dibwrpas. Gweddïwn dros y rhai sy'n alluog ac yn cael bywyd yn rhwydd, ar iddynt gael eu hargyhoeddi o gymaint sydd ganddynt i'w gyfrannu i gymdeithas.

Ar ddechrau blwyddyn newydd gweddïwn yn arbennig iawn dros yr Eglwys - pob cangen ohoni. O! na fyddai'r flwyddyn newydd yn dod â ni'n nes at ein gilydd, i fod yn un. Diolchwn am yr efengyl - yr efengyl y daeth dy Fab Iesu Grist â hi i'n byd. Ar ddechrau blwyddyn, diolchwn fod Iesu Grist, fel ei efengyl, yr un ddoe, heddiw ac am byth. Hiraethwn am weld yr efengyl yn cael ei lle o'r newydd yng nghalonnau a bywydau pobl. O! ein Duw, galw eto fyrddiynau ar dy ôl.

Rho dy fendith ar y flwyddyn newydd hon. Cymer ni yn dy law. Gofynnwn y cwbl yn enw ein Harglwydd, ein Prynwr, ein Gwaredwr, Iesu Grist. Amen.

Gareth Alban Davies

Gŵyl Ddewi

Darlleniad   **Salm 80**
                     Mathew 21, 33-44
                     Actau 10, 34-43 neu 48

Ar ŵyl arbennig yn ein hanes fel cenedl trown o'r newydd atat ti, Arglwydd pob cenedl. 'Dros Gymru'n gwlad, O! Dad, dyrchafwn gri.' Diolchwn am ei gorffennol hi a'r hyn a gawsom ar hyd y canrifoedd. Bendigwn dy enw mawr fod yr efengyl wedi dod yma'n gynnar yn ein hanes. Addolwn di am ddylanwad yr efengyl ar ein broydd. Cofiwn am y cewri a fu'n tystiolaethu i Iesu Grist. Wrth feddwl am Ddewi Sant, diolchwn am bob hanes amdano - ei esiampl sy'n ddieithr i ddyddiau fel ein dyddiau ni. Cymer drugaredd ar ein gwlad, dyddiau addoli Mamon, dyddiau dihiraeth am efengyl sy'n achub. Adfer ni i ti, O! Dduw. Bydded llewyrch dy wyneb arnom, a gwareder ni. Gofala, Arglwydd, am y winwydden hon - y mae baedd y coed yn ei thyrchu ac anifeiliaid gwyllt yn ei phori. O! ein Tad, adfywia ni, fel y gallwn fyw er dy enw.

Diolchwn am gewri fel yr Esgob Morgan, a lafuriodd heb yr un ddyfais fodern i ni gael dy Air yn ein hiaith. Y Gair sy'n sôn am y Gair a ddaeth yn gnawd ac yn oleuni i ni. Diolchwn am ddiwygiadau - y cyfnodau o ddeffro mawr sydd wedi digwydd yn ein hanes. Y deffro'n codi ein Cymru ar ei thraed. Y deffro a roddodd ruddin i enaid ac a fu'n gyffro i wella corff yn ogystal. Diolch am argyhoeddiad John Penry; am salmau cân Edmwnd Prys; am Gannwyll y Ficer Prichard; am dröedigaeth Howell Harris; am emynau Williams Pantycelyn; am bregethu Daniel Rowland; am ysgolion Griffith Jones. Diolch am dorf o bobl na wyddom eu henwau a ddaeth i arddel enw Iesu Grist, a rhoi glendid yn ein dyffrynnoedd. Diolch am weddïau'r tadau a fu - gwerinwr yn plygu glin; gwraig yn adrodd salm ac emyn; plant yn cael eu harwain i ffyrdd purdeb a moes.

Gwared ni, er hyn, O! Arglwydd, rhag gwyngalchu ein doe yn ormodol a meddwl mai dim ond düwch sydd yn y dyfodol. Yr un wyt ti o hyd. O ganol ein bodoli gwacsaw, dysg ni i gredu, O! greawdwr y greadigaeth, dy fod ti'n Dduw. Ynghanol malltod oed, nertha ni i godi'n golygon i Galfaria, a gweddïo ar y Crist a ddioddefodd hoelion y stanc i roddi inni urddas yn ôl. Tywallt, O! Iesu, olud dy waed i enaid ein gwlad; tro ni'n ôl i addoli wrth allor fel y cawn ni, fel y ddau ar ffordd Emaus, dy adnabod o'r newydd ar doriad y bara; fel y cawn ni wrth yfed y gwin gofio'r gost inni gael maddeuant am bechod a bai.

Diolch i ti, ein Tad, am wlad mor hardd ac mor dlos. Diolch am bob mynydd a bryn, dyffryn ac afon. Diolch i ti am dechnoleg fodern sy'n ysgafnhau beichiau bywyd. Diolch i ti am ein hysgolion ac am ein colegau sy'n cyfrannu addysg. Diolch, Arglwydd, fod gennym lan a chapel o hyd; fod gennym bregethu'r Gair a chanu mawl ac Ysgol Sul. Ar waetha'r drain a'r ysgall, diolch am bob ymdrech i wneud ein gwlad yn wlad i ti.

Wrth feddwl am ein gwlad, ac yn arbennig wrth ddathlu gŵyl ein nawddsant, gad inni gofio'n barhaus nad wyt ti'n dangos ffafr. Rwyt yn Dduw pob gwlad a chenedl. Wrth ddiolch i ti am fendithion ein gwlad, cofiwn yn wylaidd am y gwledydd hynny sy'n dioddef oherwydd creulondeb pobl at ei gilydd; y gwledydd lle mae tywallt gwaed yn ffordd o fyw; y gwledydd lle na chaiff plant bach diniwed brofi beth yw blas bwyd maethlon na difyrrwch chwarae plentyn. Maddau i ni fel gwlad gyfoethog na wnawn fwy i helpu ein cyfeillion diamddiffyn.

Dduw Iôr, a thad ein Gwaredwr annwyl Iesu Grist, cymer drugaredd arnom. Gofynnwn hyn yn ei enw ef. Amen.

Gareth Alban Davies

Y Gwanwyn

Darlleniad **Deuteronomium 8, 1-14**
Salm 19
Caniad Solomon 2, 11-13
Eseia 1, 2-3, 8-18
Marc 16, 1-8

Ein Tad, yr hwn wyt yn y nefoedd, wrth sylweddoli mai sôn am haf a gaeaf y mae dy Air di, sôn am oerni a gwres, amser hau ac amser medi, diolch i ti er hynny am bedwar tymor ein gwlad. Diolch am wanwyn a gobaith y gwanwyn - y gaeaf a'i stormydd, ei rew a'i eira'n cilio a rhyw ysbryd newydd i'w synhwyro ar bob llaw.

Diolch i ti am aroglau'r gwanwyn. Aroglau'r ddaear yn deffro, a choed a llwyn yn dangos bywyd newydd. Tosturiwn, Arglwydd, wrth bobl ein dinasoedd mawr nad ydynt yn medru profi bendithion gwanwyn yn dod i'r tir; plant na chânt gyfle i werthfawrogi gwennol yn dod yn ôl i'w bondo; pobl o un flwyddyn i'r llall heb glywed y gog na gweld nyth aderyn.

Diolchwn am brysurdeb y ffermwr yn y gwanwyn - ei egni gyda'r aradr yn rhwygo'r gwanwyn o'r tir, ei brysurdeb yn hau er mwyn i'r bwytawr gael bara. Diolch i ti am foreau tyner y tymor hwn, a'r adar bach a'u canu fel un côr. Bendigwn dy enw am foreau tawel, hyfryd, a chân ehedydd yn esgyn fry i'r entrych digwmwl nes mynd o olwg byd a'i boenau. Gweddïwn dros y rheiny sydd heb lygad i weld rhyfeddodau'r gwanwyn; dros y rheiny sydd heb glust i glywed cri'r gylfinir yn codi o'i nyth. Diolch am weld y lili wen fach gyntaf yn gwthio drwy galedwch y pridd, am y daffodil melyn yn siglo'n hamddenol yn yr awel. Diolch am wynder blodau'r llwyni drain. Diolch am y dolydd yn glasu, nant yn ymdroelli heb ruthr llif y storm. Diolch am y praidd sy'n geni'r ŵyl, a'u prancio a'u rhedeg ras yn peri i ias fynd drwy'r cnawd.

Gweddïwn, ein Tad, dros y rheiny sy'n teimlo ynni'r gwanwyn yn difa eu nerth; y rheiny sy'n wynebu'r dirgelwch mawr bod tymor mor llawn o fywyd yn dod â'i ddigalondid a'i ddiffrwythdra, ei dristwch a'i ysbryd isel. Ein Tad, gweddïwn dros y rheiny sy'n gorfod mynd drwy gyfnod anodd fel hyn. Gweddïwn dros bawb mewn afiechyd sy'n methu mwynhau breintiau'r gwanwyn.

Diolchwn am ŵyl fawr y gwanwyn - y Pasg. Cofiwn am y griddfannau yn yr ardd; cofio'r llu o filwyr yn dal yr Oen diniwed. Wrth sôn am oen yn prancio ar ddôl, Arglwydd, cofiwn am yr Oen a gafodd ei ladd ar y bryn. Diolch am y gwaith a gyflawnwyd ar y bryn bythgofiadwy hwnnw unwaith ac am byth. Diolch am drefn i faddau pechod. Diolch nad y bedd oedd diwedd yr hanes. Diolch am yr atgyfodiad mawr a ddaeth â gwawr bywyd newydd i ni. Torrodd y wawr. Daeth y cadarn yn rhydd. Cododd y Ceidwad. Gogoniant i'th enw di, ein Tad - mae Iesu'n fyw.

Ond wrth feddwl am y gwanwyn a'r gobaith sydd yn yr efengyl, meddyliwn am gyflwr dy Eglwys di yn ein hoes a'n dydd. Mae gaeafau'n mynd heibio ac nid ydym fel gwlad wedi ein hachub. Mae'r ych yn nabod ei berchennog, a'r asyn breseb ei feistr, ond nid yw'r bobl yn dy gydnabod di, O! Dduw. Dysg ni i ofyn fel dy broffwyd gynt, onid oes balm yn Gilead? Onid oes yno ffisigwr? Gad i ni ddyheu am ddeffroad newydd am fod Seion yn llwfrhau. O! ein Tad, pâr fod yna ddeffro'n dod i'n calonnau ni ac i'n heglwysi. Pâr fod y nerth sydd i'w weld ar bob llaw yn ein tir yn nhymor y gwanwyn yn cerdded hefyd drwy ein heneidiau trist. Am dy wanwyn di, O! Dduw, dros anial gwyw dynolryw deffro'n llef; a dwg yn fuan iawn i'n clyw y sŵn o'r nef.

Dyro inni drachefn orfoledd dy iachawdwriaeth. Amen.

Gareth Alban Davies

Y Grawys

Darlleniad   **Mathew 4, 1-44**
Luc 19, 41-48
Luc 9, 18-27; 9, 28-36
Ioan 12, 20-32

Ein Tad nefol, wrth inni droi atat, cynorthwya ni i wybod beth i'w ddweud - dyro drefn ar ein meddyliau, dyro rym i'n llefaru; anfon dy Ysbryd Glân i eiriol drosom ac i agor ein calonnau i ti. Gwêl ni'n plygu ger dy fron, O! Dad. Tosturia wrthym y munudau hyn yn dy annwyl Fab, Iesu Grist.

O! Grist a droediodd ffordd unig yr anial, cynorthwya ni i ymwrthod â themtasiynau. Dysg ni nad trwy rym y byd y mae canfod ffordd i fywyd, ond trwy gydnabod Duw yn Dad cariadus inni, a thrwy wneud ei Air yn sail i'n perthynas ni ag ef, ac â'n gilydd. Cynorthwya ni, O! Grist, i'th ganlyn drwy anialwch ein hoes, i'r bywyd sydd ar gael yn y Tad. Agor ein llygaid i'th weled; agor ein clustiau i'th glywed; agor ein calonnau i'th adnabod, er mwyn ein cadw rhag profedigaeth a'n gwared rhag yr un drwg.

O! Grist a gerddodd ffordd unig gwrthwynebiad a chasineb, nertha ni â'th Ysbryd ar gyfer pob brwydr a ddaw i ran y rhai sy'n barod i'th ganlyn di i'r pen. Yn ein hymdrech rho inni'r nerth i ymwrthod â dulliau'r byd o weithredu - ysbrydola ni â geiriau grasol a chariad. Agor ein llygaid i'th weled; agor ein clustiau i'th glywed, agor ein calonnau i'th adnabod, fel y gallwn adnabod a gwrthod drygioni a charu'r drwgweithredwr fel ni ein hunain.

O! Grist a wynebodd ffordd ddioddefaint ac ing, cryfha'r rhai sy'n cael eu llethu gan bryder a phoen, ofn, ac unigrwydd yr enaid. Cofia'r rhai sy'n gorfod wynebu penderfyniadau dirdynnol ac anodd. Caniatâ inni bwyso arnat ac i ganolbwyntio ein myfyrdodau ar dy brofiadau ingol di yng ngardd Gethsemane. Agor ein llygaid i'th weld, agor ein clustiau i'th glywed, agor ein calonnau i'th adnabod, fel y gallwn, gyda thi, wynebu ein hofnau dyfnaf, a chanfod y ffydd i ddweud, 'Eithr nid yr hyn a fynnaf fi ond yr hyn a fynni di'.

O! Grist a weddnewidiwyd, ledia'r ffordd i lawr o esmwythyd a llonyddwch copa'r mynydd; deffro ni ac arwain ni i ganol realiti'r byd a'i anghenion. Cynorthwya ni i beidio â cherdded o'r tu arall heibio pan welwn angen yn rhythu arnom. Boed i'th weddnewidiad di droi'n weddnewid cyson a pharhaol ynom ni - yn fywyd a goleuni newydd ynom. Agor ein llygaid i'th weld, agor ein clustiau i'th glywed, agor ein calonnau i'th adnabod, i'n gwneud fel lefain byw ym mlawd y byd.

O! Grist buddugoliaeth y Groes, bydd yn ddrych cyson inni yn ein pechod a'n trueni. Cynorthwya ni i ganfod mai yn dy aberth di ar Groes Calfaria y mae ein hunig obaith i ganfod y ffordd at gariad Duw; mai ynot ti y mae'r fuddugoliaeth dros angau a'r bedd. Agor ein llygaid i'th weld, agor ein clustiau i'th glywed, agor ein calonnau i'th adnabod fel y gallwn ymglywed â'th eiriau grasol di dy hun: 'O! Dad, maddau iddynt, oherwydd ni wyddant beth y maent yn ei wneud'.

O! Dad, diolchwn i ti am aberth dy Fab, am iddo ymwrthod â ffordd y byd, am iddo wynebu rhwystrau a dioddefaint, am ei weddnewidiad, am ffordd y Groes - y cyfan er mwyn i bob un sy'n credu ynddo ef beidio â mynd i ddistryw, ond cael bywyd tragwyddol. O! Dad, diolchwn i ti am y cyfan, a gofynnwn i ti faddau ein pechodau, yn Iesu Grist. Amen.

Dafydd Hughes

Sul y Blodau

Darlleniad **Eseia 50, 4-9**
Mathew 21, 1-13

O! Dduw, ein Tad trugarog, yr un sy'n marchogaeth cymylau ein hamser ac sydd â'i law ar benffrwyn y byd, bydd gyda ni, y rhai sydd â'u dyddiau wedi eu ffrwyno ac sy'n ceisio marchogaeth y ddaear yn ôl ein heisiau ein hunain. Wrth inni droi atat, trugarha wrthym yn ein trueni a'n hangen, drwy Iesu Grist ein Harglwydd a'n Gwaredwr.

Cofiwn eiriau Iesu, 'Y mae'r sawl sydd wedi fy ngweld i wedi gweld y Tad'. Ac felly, O! Dad nefol, er na fu i'r un ohonom dy weld, cymorth ni i'th ganfod a'th amgyffred ym mywyd a gweinidogaeth Iesu. A heddiw, O! Dad, wrth i ymdaith fuddugoliaethus Iesu ddod i'r cof, ceisiwn, wrth blygu ger dy fron, ddygymod â'r hyn a ddigwyddodd, a'n hatgoffa ein hunain o arwyddocâd ei ddyfodiad rhyfedd. Bydd gyda ni, O! Dad, wrth inni dy geisio yn yr ymdaith hon.

Gad inni, yn Iesu, weld un sy'n dod yn ddistadl i ddinas ein profiad, yn llawn tangnefedd a chariad, yn dod i wasanaethu ac i'w roi ei hun yn bridwerth dros lawer. Cofiwn eiriau Iesu gyda diolch yn ein calonnau:

'Cymerwch fy iau arnoch a dysgwch gennyf oherwydd addfwyn ydwyf a gostyngedig o galon ac fe gewch orffwystra I'ch eneidiau.'

Diolch i ti am ddangos inni trwy Iesu Grist mai Duw addfwyn a gostyngedig o galon wyt ti.

'Iesu gaiff y clod i gyd
Ymaith dug bechodau'r byd;
Rhoes ei hunan yn ein lle,
Bellach beth na rydd Efe?
Haleliwia, llawenhewch!
Dewch, moliennwch, byth na thewch.'

15

Cynorthwya ni felly, O! Dad, i werthfawrogi dyfodiad Iesu ac i ystyried o ddifrif ystyr y gair 'Hosanna'. Gwared ni rhag inni gael ein camarwain, a rhag ein camarwain ein hunain yn fwy na dim. Maddau inni ein diffygion, O! Dad, yn arbennig:

ein hanwadalwch, a byrhoedledd ein croeso i Iesu yn ein bywyd; am inni geisio ynddo yn unig yr hyn sy'n boddhau ein syniadau a'n safbwyntiau ni ein hunain, yn hytrach na'th ddibenion di; ein dallineb a'n diffyg deall wrth ei weld yn dod i'n plith; ein hamharodrwydd i dderbyn Iesu'n Arglwydd ar ein bywyd cyfan.

Yn y gras cyfiawn hwn a amlygwyd yn Iesu, maddau i ni a rhyddha ni o rwymau ein pechod a'n trueni.

Wrth inni edifarhau a throi atat a chael ein derbyn gennyt, caniatâ inni dy gwmni ar hyd gweddill taith bywyd. Arwain ni yn awr o Fethania ein trueni ar hyd y ffordd a ddangosodd Iesu inni - y ffordd atat ti a'th dangnefedd. Cydia'n dynn yn ein dwylo a thywys ni gyda thi i ddinas sanctaidd dy ewyllys. Cynorthwya ni i wynebu holl brofiadau'r daith, o gamau anesmwyth yr asyn i'r dringo dirdynnol ar Fryn Calfaria. Cymorth ni i gofio'r croeso a'r gwawdio, y derbyn a'r gwadu, y llawenydd a'r tristwch, yr 'Hosanna!' a'r 'Croeshoeliwch ef!' Dyro inni'r nerth a'r ffydd i wynebu holl realiti'r daith gan adnewyddu'r teimlad fod Iesu wedi ei cherdded o'n blaenau. Er ein breuder a'n hannheilyngdod, defnyddia ni, O! Dad - ymddiried ynom ni, lestri pridd, dy drysor di dy hun.

A chyflwynwn i ti heddiw arweinyddion y gwledydd. Cynorthwya'r cyfryw rai i ganfod mai'r daith ddistadl a gymerodd Iesu yw'r unig wir ffordd i dangnefedd yn ein byd. Agor eu llygaid a'u calonnau i weld y gwirionedd hwn a amlygwyd yn ystod ei ymdaith i Jerusalem - Caer Tangnefedd. Amen.

Dafydd Hughes

Y Groglith

Darlleniad **Eseia 52, 13-53**
Eseia 12
Ioan 19, 17-27

'Daethom o sŵn y byd
I'th demel dawel di,
I brofi yno ryfedd rin
Y gwin a'n cynnal ni.

O fewn dy dŷ, ein Duw,
Y mae tangnefedd drud
A'n nertha ni i droi yn ôl
I'r llym herfeiddiol fyd.'

O! Dad, y dydd arbennig hwn, diwrnod yr awr dywyllaf cyn y wawr, cydia ynom â'th Ysbryd di dy hun drwy ein harwain o gysgodion tywyll i oleuni ein gobeithion ynot ti. Rwyt ti'n Dduw sy'n gwneud yr annisgwyl yn y mannau annisgwyl; sy'n dy ddatguddio dy hun yn annisgwyl mewn llawer dull a modd. Mewn perth yn llosgi ac mewn cwmwl; mewn tywyllwch ac mewn tawelwch; yn y corwynt ac mewn goleuni; mewn breuddwydion ac mewn gweithredoedd; yn rhaniad y môr ac ar doriad y bara. Daethost i'n byd yn faban bach diniwed i fam ddibriod, yn dlawd heb feddu na choron na chadfridog - Duw yr annisgwyl sy'n ddigon mawr i adael i bechadur o ddyn ei ddedfrydu fel troseddwr i'w ladd, fel oen i'r lladdfa. Diolch i ti am y weithred aberthol hon yn Iesu Grist; am i ti ein caru cymaint nes rhoi ohonot dy unig Fab er mwyn i bob un sy'n credu ynddo ef beidio â mynd i ddistryw, ond cael bywyd tragwyddol.

Fel y bendithiaist Mair yn y dyddiau cynnar a rhyfedd hynny, wrth ei galw yn yr Ysbryd i fod yn llestr i gynnal dy waredigaeth i ni, bendithia ninnau, lestri pridd ddiwedd yr ugeinfed ganrif ryfedd hon. Defnyddia ni, er mor anfoddog ac annheilwng, i gynnal a lledaenu'r newyddion da am Iesu. Gwna ni'n llestri ac arnynt ôl dwylo anghenus y byd, a chadw ni rhag ymlonyddu ar silffoedd moethus ein byd lle y gall y llwch a'r gwe bylu'r weledigaeth a ddaeth i'n rhan. Defnyddia ni yn dy waith ymhlith dynion, i gofio am yr anghenus a'r digartref, y rhai sy'n garcharorion cydwybod, neu sydd dan ddedfryd o ganlyniad i ddallineb dynion anghyfiawn.

Ac wrth inni syllu i gyfeiriad y Groes, a'r milwyr yno ar ddyletswydd, pâr inni gofio mai trwy weini a gwasanaethu'n gilydd, heb ddisgwyl dim yn ôl, y down yn wir aelodau o'th deyrnas di - yn frenhinoedd tlawd yn nheyrnas gyfoethog dy gariad di.

Yng nghysgod y Groes cyflwynwn i'th ddwylo di y dydd hwn bawb sy'n ei chael hi'n anodd ar daith bywyd; y rhai sy'n dioddef artaith a phoen corff a meddwl; yn ifanc neu'n hen, mewn ysbyty neu gartref. Caniatâ inni hefyd o'r cysgodion hyn, O! Dad, lawenhau â'r rhai sydd bob amser yn barod i godi croes Iesu trwy roi eu hysgwydd i gario beichiau eraill.

Derbyn ein gweddïau crwydredig, O! Dad; a maddau inni ein holl bechodau, yn arbennig am inni wrthod dy Fab, ac am inni fod mor amharod i dderbyn ei eiriau. Trugarha wrthym a chaniatâ i'r llen sy'n mynnu dod rhyngom gael ei rwygo ymaith gan gariad a geiriau Iesu oddi ar y Groes: 'O! Dad, maddau iddynt oherwydd ni wyddant beth y maent yn ei wneud'.

Clyw ein gweddi, a derbyn hi, am ein bod yn ei chyflwyno i ti yn enw'r un a roddodd y cyfan trosom, yr un hwnnw a'n dysgodd hyd yn oed ar yr awr dywyllaf, nid yn unig i garu ein cymdogion, ond i garu ein gelynion yn ogystal - Iesu Grist. Amen.

Dafydd Hughes

Y Pasg

Darlleniad   **Exodus 14, 21-31**
Mathew 28, 1-10
Rhufeiniaid 6, 3-11

'Diolch, Arglwydd, am achubiaeth,
Byth ni allwn fod yn drist;
Rhoddaist inni fywyd newydd
Drwy gyfodi Iesu Grist;
Rhydd yn awr, Geidwad Mawr,
Rhwygwyd bedd mewn toriad gwawr.'

O! Dduw, Dad hollalluog, creawdwr a rhoddwr bywyd, cofiwn fel y
bu i ti, ym more bach y dydd, dreiglo ymaith faen angau ei hun a
dod â'th Fab yn ôl i blith y byw. Yn y weithred hon rhoddaist inni
gyfle newydd i bontio'r agendor sydd rhyngom a thi. Er gwaethaf y
gwahaniaeth rhyfeddol rhyngom, megis tywyllwch a haul canol dydd,
pechod a phurdeb, y ni yn ddim a thithau oll yn gyfan, fe drefnaist
ffordd newydd i wneud hynny yn Iesu Grist - 'ffordd a drefnwyd cyn
bod amser', 'ffordd a'i henw yn rhyfeddol' - inni ei cherdded tuag
atat. Iesu a ddywedodd, 'Myfi yw'r ffordd at y Tad', ac ynddo ef
fe'th glodforwn di y dydd hwn, O! Dduw. Bendigedig wyt am i ti
blygu i'n cyfarfod ni drwy ddod fel un ohonom ni, y rhai sydd â
dedfryd marwolaeth yn rhan annatod o'n natur. Ti yw ein Ceidwad
mawr, sy'n driw i'r rhai sy'n dy garu ac yn cadw dy orchmynion.

'Diolch, Iesu, am dy aberth,
Byth ni allwn wneud yn llawn;
Rhoddaist inni gyfle newydd,
Bore ddaeth 'rôl tristwch pnawn;
Rhydd yn awr, Geidwad Mawr,
Rhwygwyd bedd mewn toriad gwawr.'

O! Iesu, ein Ceidwad a'n Gwaredwr, diolch i ti am wynebu angau'r

Groes ar ein rhan. Diolch i ti am gerdded ffordd bywyd yn llawn o'n blaenau. Er dy fod yn lân ac yn bur, cymeraist dy wneud yn bechod gan ddangos inni, er garwed y ffordd, a themtasiynau ar bob llaw, ei bod yn ffordd agored i bob un ohonom ei cherdded yn ôl dy droed di. Ac wrth dy ganlyn di a chredu ynot fel yr ymddiriedaist ti yn Nuw, dangosaist inni ei bod hi'n bosibl i ni bechaduriaid wynebu marwolaeth a'r bedd yn eofn, yn y sicrwydd y cawn atgyfodiad i fywyd tragwyddol - 'Mae Iesu wedi cario'r dydd, Caiff carcharorion fynd yn rhydd.'

'Diolch, Ysbryd, am d'arweiniad,
Byth ni allwn hebot ti;
Rhoddaist ynom galon newydd
Wedi'r siom ar Galfari;
Rhydd yn awr, Geidwad Mawr,
Rhwygwyd bedd mewn toriad gwawr.'

O! Ysbryd y Crist atgyfodedig, diolch i ti am fod gyda ni'n awr i'n harwain o siom ac amheuon Bryn Calfaria. Dyro dy dangnefedd i ni a rho dân yn ein calonnau wrth inni siarad â thi. Agor ein llygaid, O! Ysbryd Glân, i weld fod Iesu'n dal i aros gyda ni, er tywylled ein dyddiau. Cynorthwya ni i ymdeimlo â'i bresenoldeb, i gofio ei eiriau ac i werthfawrogi ei aberth. Cynorthwya ni i'w weld drwy lygaid y ffydd sy'n gweld y tu draw i'r dioddefaint a'r bedd, i weld y gogoniant hwnnw sydd ar gael i ninnau hefyd ynddo ef. Ar y dydd hwn, O! Ysbryd, anfon ni allan yn ôl troed Mair Magdalen i gyhoeddi i'r holl fyd, 'Yr wyf wedi gweled yr Arglwydd'.

'Newyddion braf a ddaeth i'n bro,
Hwy haeddant gael eu dwyn ar go' -
Mae Iesu wedi cario'r dydd,
Caiff carcharorion fynd yn rhydd.' Amen.
                                        Dafydd Hughes

Y Sulgwyn

Darlleniad   **Exodus 19, 16-25**
                   Actau 2, 1-11; 12-21

Dad nefol, a Thad ein Harglwydd Iesu Grist, yr un a anfonodd yr
Ysbryd Glân ar ddydd y Pentecost, llenwaist y disgyblion â llawenydd
a nerth i'w galluogi i bregethu dy Air di i bawb yn ddiwahân. Anfon
ninnau allan i blith pobl ein gwlad yn nerth yr Ysbryd y dydd hwn, i
dystio i'th wirionedd a'th fawrion weithredoedd di dy hun.

Dduw y creawdwr, ysbryd yr hwn a fu'n ymsymud ar wyneb y
dyfroedd, yr un a anadlodd fywyd i esgyrn sychion ein heneidiau,
maddau inni y dyddiau hyn am fod mor amharod i ymdeimlo â nerth
dy Ysbryd Glân, ac am ofni ymateb i'w rym a'i ddylanwad. Maddau
inni am fynnu dal ein gafael yn sgerbydau sychion y gorffennol sydd
bellach heb anadl ynddynt, ac am wrthod mentro i'r dyfodol mewn
ysbryd o gyd-ddyheu a chydweithio. Maddau inni, O! Dad, os ydym
drwy hyn yn tristáu dy Ysbryd sanctaidd ac yn llesteirio gwaith achubol
dy Fab ymhlith pobl ein gwlad, yn arbennig ein plant a'n pobl ifainc.

Diolchwn i ti y dydd hwn am i ti anfon dy Ysbryd, nid yn unig ar
ddydd y Pentecost, ond hefyd ar adegau eraill dros y canrifoedd, fel
na fu efengyl Iesu Grist yn amddifad o'i thyston mewn unrhyw oes.
Diolch am yr Ysbryd hwnnw a sicrhaodd ein bod ni heddiw'n
etifeddion i'r tyston hynny.

> 'Tyrd, Ysbryd Sanctaidd, ledia'r ffordd,
> Bydd imi'n niwl a thân;
> Ni cherdda i'n gywir hanner cam
> Oni byddi di o'm blaen.'

Ac felly, O! Dad, diolch i ti am bawb ac ynddynt awydd i
gydweithio yn yr Ysbryd, er budd dy deyrnas di. Diolchwn am bob
bendith a rydd dy Ysbryd Glân i ymdrechion y cyfryw rai wrth eu

harwain ac wrth eiriol drostynt pan ymddengys iddynt fod geiriau'n fud a gweithredoedd yn ddiwerth.

Ac felly, Ysbryd Sanctaidd, tyn ni at ein gilydd, fel y llwyddaist i ddod â phobloedd o wahanol genhedloedd ac ieithoedd at ei gilydd ar ddydd y Pentecost. Cynorthwya ni i weld mai iaith Iesu atgyfodedig yw'r unig iaith sydd â'r grym i ddod â phobloedd o amrywiol syniadau, ieithoedd a gwledydd at ei gilydd. Dysg ni i'n gwneud ein hunain yn agored i ddylanwad ei ewyllys ef ac i daflu ymaith ein harwahanrwydd plwyfol, fel y gall yr amrywiaeth sydd ynom wau'n un clytwaith byd-eang a fydd yn amlygu gwir natur dy greadigaeth di. Chwâl ymaith furiau ein rhagfarnau a chynorthwya ni i ddefnyddio'r meini gwasgar i greu pontydd o ddealltwriaeth rhwng dyn a dyn.

Cofia'r ddynolryw ledled daear, O! Dad, yn arbennig y rhai hynny sydd â'u hysbryd yn isel. Adnewydda hwy â'th lân Ysbryd di dy hun; y claf a'r methedig, y rhai y mae eu meddyliau'n dywyll, a'u gorffennol yn gymysg â'u presennol. Rho dy Ysbryd ar waith ynddynt ac esmwythâ eu cur. Hefyd, O! Dad, adnewydda obaith y rhai hynny sy'n cael bywyd yn galed a chreulon, y diwaith a'r difreintiedig, y gorthrymedig, a'r rhai hynny sy'n dioddef oherwydd rhyfel, trais ac anghyfiawnder. Arwain ni oll, O! Dad, i ganfod dy degwch a'th gyfiawnder di dy hun ac i ymdrechu drwy nerth yr Ysbryd Glân i'w rannu a'i weithredu er budd pobloedd y ddaear a'th deyrnas di. Yn Iesu Grist. Amen.

Dafydd Hughes

Yr Haf

Darlleniad   Salm 8

O! Arglwydd ein lôr ni, mor ardderchog yw dy enw ar yr holl ddaear. Ti a osododd holl derfynau daear; ti a drefnodd haf a gaeaf. Cydnabyddwn dy fawredd o'n cwmpas wrth inni blygu ger dy fron i'th addoli. Ti, yr hwn a greodd bopeth ac a roddodd inni wahanol bethau yn eu tymor. Heddiw, diolchwn i ti am arwyddion o dymor yr haf sydd o'n cwmpas. Diolchwn am y cyfle a gawn i fwynhau'r heulwen gynnes a'r awyr iach; y coed llawn dail a'r dolydd gwyrddion bras; yr adar bach sy'n hedfan o gangen i gangen ac yn canu'n iach mewn llwyn a pherth.

'Pob blodyn bach sy'n agor,
Pob deryn bach a gân,
Efe a wnaeth eu lliwiau
A'u gloyw adenydd mân.'

Diolchwn i ti am lygaid i'w gweld a chlustiau i'w clywed. Wrth inni ddiolch i ti, O! Arglwydd, mae ein meddyliau'n mynd at rai sy'n methu mwynhau'r pethau hyn: y gwael sy'n gaeth i wely mewn ysbyty neu gartref; y deillion a'r rhai sy'n fyddar; y rhai sy'n anabl o ran corff neu feddwl; yr unig a'r digartref. Cyflwynwn hwy i ti.

Yn ystod yr haf, O! Arglwydd, mae rhai ohonom yn cael cyfle i ymlacio a mwynhau gwyliau; i grwydro i'r mynyddoedd neu i lan y môr; i fwynhau bod gartref yn ein gerddi neu deithio i wledydd tramor. Cawn gyfle i atgyfnerthu corff a meddwl wedi gwaith y gaeaf. Wrth inni ofalu ein bod yn cael atgyfnerthu ac adnewyddu ein cyrff, Arglwydd, gweddïwn am dy gymorth inni sylweddoli fod angen inni adnewyddu ein calonnau hefyd.

'Crea galon lân ynof, O! Dduw; rho ysbryd newydd cadarn ynof.'

Wrth inni ofyn am i ti greu calon lân ynom, cyfaddefwn ger dy fron ein bod wedi pechu i'th erbyn, nad ydym yn deilwng o gael dod i'th bresenoldeb. Ein gweddi yw, 'Cuddia dy wyneb oddi wrth fy mhechodau a dilea fy holl feiau'.

Diolchwn i ti, Arglwydd, am anfon dy Fab, Iesu Grist, i'n byd, i fyw ymysg dy bobl. Bu ef fyw bywyd glân a pherffaith yn wyneb y temtasiynau lu a ddaeth i'w ran, ac yna rhoddodd ei fywyd yn aberth dros bob un ohonom ar groesbren.

> 'Canys nid archoffeiriad heb allu cyd-ddioddef
> â'n gwendidau sydd gennym, ond un sydd wedi
> ei brofi ym mhob peth, yn yr un modd â ni, ac eto
> heb bechod.'

Trwy'r aberth hwn rwyt yn cynnig maddeuant i bob un ohonom, os gwnawn ni edifarhau.

> 'Rho inni, nefol Dad,
> Yr Ysbryd Glân yn awr,
> Wrth geisio cofio'r gwerth a gaed
> Yng ngwaed ein Iesu mawr.'

Teimla rhai, O! Arglwydd, dy fod ti am iddynt fanteisio ar dywydd braf yr haf i gynnal gweithgareddau awyr agored fel cyfrwng i ledaenu'r efengyl. O! Arglwydd, cyflwynwn i'th sylw'n arbennig y gweithgarwch ar y traethau, pryd y rhennir newyddion da drwy gynnal chwaraeon, adrodd storïau, canu ac arwain amrywiol weithgareddau ymhlith plant ac ieuenctid. Cyflwynwn hefyd i'th sylw y gweithgareddau ar faes yr Eisteddfod Genedlaethol a thystiolaeth y gwahanol enwadau yn yr Eisteddfod. Gweddïwn y byddi di'n cael dy le ac y bydd rhai'n dod i sŵn yr efengyl am y tro cyntaf ac i'th adnabod fel Gwaredwr personol, am fod unigolion yn barod i gysegru o'u hamser a'u dawn i rannu dy gariad ag eraill.

Cyflwynwn ein gweddïau yn enw Iesu Grist, ein Gwaredwr. Amen.

Menna Green

Diolchgarwch

Darlleniad   **Luc 17, 11-19**

Diolchwch i'r Arglwydd! Galwch ar ei enw, gwnewch yn hysbys ei weithredoedd ymysg y bobloedd. Cenwch iddo, moliennwch ef, dywedwch am ei holl ryfeddodau. Diolchwch i'r Arglwydd, oherwydd da yw, ac y mae ei gariad hyd byth. Â chalonnau llawn diolchgarwch y trown atat yn ystod yr oedfa hon. Sylweddolwn mai diolch yn unig yw ein lle, gan i ti, O! Arglwydd, dywallt dy drugaredd arnom. Trwy dy ddwylo di y daw popeth i ni ... mawr yw dy drugaredd.

> 'Ar ei drugaredd
> Yr ydym oll yn byw,
> Gan hynny dewch a llawenhewch
> Cans da yw Duw.'

Diolchwn i ti, Arglwydd, am dy roddion ysbrydol; am y fraint o gael galw Duw yn Dad ac Iesu Grist yn Frawd; am rodd o ddiddanydd yn yr Ysbryd Glân; am y maddeuant sy'n cael ei gynnig i bob un trwy aberth Crist ar y Groes; am dy Air sy'n llusern i'n troed a llewyrch i'n llwybr; am agor ffordd i ni gael troi atat mewn gweddi.

Wrth inni ddiolch, O! Arglwydd, rydym yn gorfod cyffesu o'th flaen inni ddibrisio dy roddion yn aml, ein bod yn pechu i'th erbyn drwy beidio â chydnabod ein Tad, drwy ailgroeshoelio ein Brawd; drwy ddiystyru grym yr Ysbryd Glân; drwy wrthod derbyn dy aberth ar y Groes; drwy anwybyddu dy Air a llwybrau gweddi.

Arglwydd, maddau inni am fod mor anniolchgar. Arglwydd, trugarha wrthym. Diolch i ti, Arglwydd, am dy roddion tymhorol; am fwyd a dillad; am gartref ac eglwys; am deulu a chyfeillion; am gymdogion a chydnabod; am waith ac amser hamdden; am bob tymor yn ei dro.

Helpa ni i werthfawrogi dy roddion ac i gofio'r rhai sydd heb anghenion bywyd - heb gynhaliaeth i gorff; heb do uwch eu pennau; heb gynulleidfa o gydaddolwyr; heb anwyliaid yn agos nac ymhell; heb waith; y rhai hynny sy'n gweld amser yn pwyso'n drwm ar eu hysgwyddau. Cyflwynwn hwy oll i ti, Arglwydd, gan wybod dy fod ti'n gallu cyfarfod angen dyn o ddydd i ddydd. Ond, Arglwydd, dangos i ni pa ran sydd gennyt i ni ei chwarae yn y gwaith o wella safonau bywyd ein brodyr a'n chwiorydd llai ffodus na ni. Mae dy Air yn dweud wrthym:

'Beth bynnag yr ydych yn ei wneud, ar air neu ar weithred, gwnewch bopeth yn enw yr Arglwydd Iesu, gan roi diolch i Dduw, y Tad, drwyddo ef.'

Cynorthwya ni, O! Arglwydd, i allu rhoi diolch i ti ym mhob sefyllfa. Mae'n anodd ar adegau roi diolch am bob sefyllfa, yn enwedig pan fo'r amgylchiadau'n galed a chymhleth. Ond rwyt ti wedi addo yn dy Air:

'Nid oes un prawf wedi dod ar eich gwarthaf nad yw'n gyffredin i ddynion. Gallwch ymddiried yn Nuw, ac nid yw ef am adael i chwi gael eich profi y tu hwnt i'ch gallu; yn wir, gyda'r prawf, fe rydd ef ddihangfa hefyd, a'ch galluogi i ymgynnal dano.'

Diolch i ti, Arglwydd, am yr addewidion sydd yn dy Air. Cynorthwya ni i ymddiried yn llwyr ynot.

'Diolch i ti am dy Eglwys
A'i phroffwydi ym mhob oes,
Gyda'i ffydd a'i sêl diorffwys
Yn y grym sy 'mhren y groes.'

Diolch am inni deimlo'r ddyled i roddi clod i ti.

Cyflwynwn ein gweddïau yn enw Iesu Grist, ein Harglwydd a'n Gwaredwr. Amen.

Menna Green

Yr Hydref

Darlleniad   Salm 104

Mawr yw gweithredoedd yr Arglwydd; fe'u harchwilir gan bawb sy'n ymhyfrydu ynddynt. Llawn anrhydedd a mawredd yw ei waith, a saif ei gyfiawnder am byth. Mae'n rhoi cynhaliaeth i'r rhai sy'n ei ofni ac yn cofio ei gyfamod am byth.

Clodforwn dy enw sanctaidd, O! Dduw, am dy holl weithredoedd. Wrth edrych o'n cwmpas yr adeg hon o'r flwyddyn gwelwn ôl dy law ymhobman: y dydd yn byrhau a'r nosweithiau'n hir a thywyll; y tywydd yn oeri a'r glaswellt yn peidio â thyfu; y cynhaeaf grawn, llysiau a ffrwythau; coed y maes yn eu gwisgoedd lliwgar o felyn, coch a brown; anifeiliaid y maes yn casglu bwyd i'w storio ar gyfer y gaeaf.

Arglwydd, mawr yw dy ofal dros y ddaear. Yn dy ddaioni, rwyt yn gofalu fod digon o gynhaliaeth ar gael i bawb, i ddyn ac anifail. Ond mor aml, yr hyn a welwn ac y clywn amdano yw prinder a newyn yma a thraw, oherwydd camddefnyddio dy roddion.

Maddau inni, Arglwydd, ein hunanoldeb. Maddau inni am beidio ag ystyried anghenion eraill, am ein hesgeulustod sy'n arwain at ddioddefaint eraill. Cynorthwya ni, O! Dduw, i iawn ddefnyddio a gwerthfawrogi dy haelioni. O! Dduw, ein Tad, yn ystod yr hydref byddwn yn ailafael yng ngweithgareddau canol-wythnos ein heglwys, wedi gwyliau'r haf. Cawn gyfle i gymdeithasu â'n gilydd; cyfle i rannu profiadau yn y seiat a'r cylch trafod; cyfle i gydweddïo ac i wrando arnat ti'n llefaru wrthym yn y cyfarfod gweddi. Cynorthwya ni, O! Dduw, i iawn ddefnyddio ein hamser, gan neilltuo cyfnodau i fod yn rhan o'r gweithgareddau hyn.

Yn ystod yr hydref mae natur yn ymdawelu a thyfiant yn arafu mewn paratoad at y gaeaf, pryd y bydd y ddaear yn atgyfnerthu ac yn creu ystôr o adnoddau ar gyfer tymor y gwanwyn.

> 'Diolch wnawn am fwynder hydref,
> A'i dawelwch dros y wlad;
> Ffrwyth y maes a gwynfyd gartref
> Ddaeth o'th ddwylo di, ein Tad.
> Dy fendithion sy'n ddi-drai,
> Mawr dy gariad i bob rhai.'

Cofiwn ger dy fron, O! Dad, sy'n llawn cariad, y rhai sy'n wynebu hydref yn eu bywyd: eu cyrff yn fregus, eu clyw yn drwm, eu golwg yn pallu, a'u hiechyd cyffredinol yn dirywio. Rhai a phryderon bywyd yn pwyso'n drwm ar eu hysgwyddau; rhai wedi colli cymar, yn unig ac yn teimlo'n ddi-gefn; rhai'n wynebu ymddeoliad o waith llawn - amser ac yn ceisio addasu i batrwm newydd o fywyd.

Cyflwynwn y rhain i gyd i'th ofal, O! Dad, gan wybod dy fod ti'n gallu gwneud llawer iawn mwy i bob un sydd mewn angen nag y gallwn ni ei ddymuno ar eu rhan. Tywallt dy gariad arnynt a gwna bob un ohonynt yn ymwybodol o'th gyffyrddiad.

Sylweddolwn, O! Dad, dy fod am ein defnyddio ni, dy ddisgyblion, yn gyfryngau yn dy law i rannu dy gariad â'r rhai y mae arnynt angen dy gymorth. Gwna ni'n gyfryngau teilwng, O! Dad, drwy dywallt dy Ysbryd Glân arnom. Ein gweddi yw:

> 'Ysbryd graslon, rho i mi
> Fod yn raslon fel tydi.
> Dysg im siarad yn dy iaith,
> Boed dy ddelw ar fy ngwaith:
> Gwna i holl addfwynder f'oes
> Ddweud wrth eraill werth y Groes.'

Cyflwynwn ein hunain i'th wasanaeth di, O! Dad. Gofynnwn am dy nerth a'th arweiniad i bob un ohonom i'n galluogi i fod yn well disgyblion, ac yn well cyfryngau yn dy law i alluogi i'th gariad di lifo trwom ni tuag at bawb sydd mewn angen. Amen.

Menna Green

Y Gaeaf

Darlleniad   Salm 74

Diolchwn i ti, O! Dduw. Diolchwn i ti. Mae'r rhai sy'n galw ar dy enw'n adrodd am dy ryfeddodau. Ti a osododd holl derfynau daear; ti a drefnodd haf a gaeaf. Plygwn ger dy fron â chalonnau llawn diolchgarwch dy fod yn Dduw sy'n agos at dy bobl.

> 'Fel y mae tad yn tosturio wrth ei blant, felly
> y tosturia'r Arglwydd wrth y rhai sy'n ei ofni.'

Wrth inni brofi gerwinder y gaeaf, O! Dduw, gofynnwn i ti yn dy dosturi gofio'r rhai sy'n teimlo'r diwrnodau byr a'r nosweithiau hir, y tywydd oer a'r diffyg haul, yn pwyso'n drwm ar eu hysgwyddau. Cofia'n arbennig y rhai sy'n oedrannus yn ein mysg; y rhai sy'n cael anhawster cadw'n gynnes oherwydd prinder arian i dalu am drydan, glo neu nwy i wresogi eu cartrefi; y rhai sy'n ddigartref, heb do uwch eu pennau; y rhai sy'n ofni gadael eu haelwydydd wedi iddi dywyllu rhag ofn i rywun ymosod arnynt neu dorri i mewn i'w cartrefi; y rhai sy'n unig a digalon, sy'n methu mynd i gymdeithasu â'u cyfeillion, na chroesawu cyfeillion i'w cartrefi oherwydd y tywydd gaeafol. Cyflwynwn y rhain i gyd i ti, O! Dduw, gan ofyn i ti gyffwrdd calonnau'r rhai ifainc a'r rhai sy'n abl yn ein mysg. Cynorthwya hwy fel y gallant ysgafnhau beichiau'r rhai sy'n llai ffodus, a rhannu haul dy gyfiawnder di â'r rhai sydd mewn angen.

> 'Dysg inni'r ffordd i weini'n llon,
> Er lleddfu angen byd o'r bron;
> Rhoi gobaith gwir i'r gwan a'r prudd,
> Ac archwaeth dwfn at faeth y ffydd.'

Diolchwn i ti, Arglwydd, ein bod yn gallu dy weld ar waith yn ein byd ac yn ein mysg yn yr ardaloedd hyn trwy dy ddisgyblion. Ein gweddi yw i'th oleuni nefol ddisgleirio i fywydau pobl sydd yng nghanol tywyllwch gaeaf yn eu bywydau personol: rhai sy'n wynebu profedigaeth, ysgariad, afiechyd blin, problemau a threialon o bob math. Boed iddynt, drwy gymorth dy ddilynwyr, allu gweddïo'r geiriau hyn:

'Yn wyneb treialon di-ri
Gofynnaf am gymorth fy Nuw,
Mae'n barod i wrando fy nghri,
A dyfod i'm cadw yn fyw:
Gofalaf am gyfaill â'i law
I'm cynnal â'i gariad mewn pryd;
Ar adeg dywyllaf o braw
Ei Fab yw 'ngoleuni o hyd.'

Diolchwn, O! Dduw, dy fod wedi rhoi dy fab Iesu Grist yn oleuni i'r byd.

'Myfi yw goleuni'r byd - ni bydd neb sy'n fy nghanlyn i byth yn rhodio yn y tywyllwch, ond bydd ganddo oleuni'r bywyd.'

Dyma oedd geiriau Iesu.

Yng nghanol tywyllwch ein dyddiau ni, ein Tad, ein gweddi yw:

'Tyrd atom ni, O! Grëwr pob goleuni,
Tro di ein nos yn ddydd;
Pâr inni weld holl lwybrau'r daith yn gloywi
Dan lewyrch gras a ffydd.'

Mae ein dyled i ti, O! Dad, yn fawr. Rwyt yn barod i nesáu atom, yn dy ras, beth bynnag fo ein cyflwr, beth bynnag fo ein hamgylchiadau, pa mor bell bynnag rydym wedi crwydro oddi wrthyt, yn ein llawenydd, yn ein tristwch, yng ngwanwyn, haf, hydref a gaeaf ein bywyd. Diolchwn i ti.

Cynorthwya ni i rannu dy oleuni ag eraill ac i'w adlewyrchu yn ein bywyd o ddydd i ddydd er mwyn i eiriau'r Iesu gael eu cyflawni yn ein bywyd ni.

'Felly boed i'ch goleuni chwithau lewyrchu gerbron dynion, nes iddynt weld eich gweithredoedd da chwi a gogoneddu ein Tad, yr hwn sydd yn y nefoedd.'

Cyflwynwn ein gweddïau yn enw Iesu Grist, ein Gwaredwr. Amen.
Menna Green

Yr Adfent

Darlleniad   Eseia 52

Da yw'r Arglwydd i'r rhai sy'n gobeithio ynddo, i'r rhai sy'n ei geisio.
Y mae'n dda disgwyl yn dawel am iachawdwriaeth yr Arglwydd.

     'Ceisiwch yr Arglwydd tra gellir ei gael,
     galwch arno tra bydd yn agos.'

   Arglwydd, plygwn ger dy fron gan dy gydnabod yn Arglwydd yr
holl ddaear, yn Dduw goruwch y duwiau.

     'Pa dduw ymhlith y duwiau
     Sydd debyg i'n Duw ni?
     Mae'n hoffi maddau'n beiau,
     Mae'n hoffi gwrando cri;'

Diolchwn i ti, O Arglwydd, ein bod yn cael mynediad i'th bresenoldeb
am dy fod yn hoffi maddau beiau ac yn trugarhau wrthym er maint
ein pechu i'th erbyn. Cyfaddefwn ger dy fron, Arglwydd, ein bod
wedi pechu i'th erbyn mewn meddwl, gair a gweithred, ein bod
wedi coleddu meddyliau annheilwng, wedi yngan geiriau heb ystyried
y gofid a'r poen oedd yn eu dilyn, wedi gwneud pethau oedd yn
dod ag anfri ar dy enw sanctaidd. Trugarha wrthym, O! Arglwydd.

     'O'th flaen, O! Dduw, rwy'n dyfod
     Gan sefyll o hir-bell;
     Pechadur yw fy enw -
     Ni feddaf enw gwell;
     Trugaredd wy'n ei cheisio,
     A'i cheisio eto wnaf,
     Trugaredd imi dyro
     Rwy'n marw onis caf.'

Yn nhymor yr Adfent, cofiwn dy fod, O! Dduw, wedi dod i'r byd yn dy Fab, Iesu Grist, gan roi bywyd newydd i'th blant. Daethost â gobaith ac iachawdwriaeth gan eu cynnig yn rhad i bob un oedd yn barod i'w derbyn.

Cofiwn dy eni tlawd ym Methlehem i deulu cyffredin; rwyt yn gallu uniaethu â'r tlawd a'r cyffredin heddiw oherwydd i ti fod yn un ohonynt. Cynorthwya ni i allu cydymdeimlo â hwy a'u cynorthwyo yn dy enw.

Cofiwn i Iesu Grist gael ei demtio fel ninnau tra oedd ar y ddaear, ond iddo ef orchfygu pob temtasiwn gan fyw bywyd glân a pherffaith. Cynorthwya ni i bwyso arnat ti am nerth i orchfygu'r temtasiynau a ddaw i'n rhan.

Cofiwn gariad a thosturi Iesu tuag at yr anghenus a'r trallodus. Cynorthwya ni i fod yn gyfryngau yn dy law er mwyn i'th gariad a'th dosturi di lifo at bawb sydd mewn unrhyw angen, er mwyn iddynt dy weld ynom ni a rhoddi clod i ti. Cofiwn am dy aberth ar y Groes dros bob un ohonom. Cynorthwya ni i dderbyn yr aberth ac i gysegru ein bywyd i ti o'r newydd.

Tymor yr ymbaratoi at dy ailddyfodiad yw'r Adfent, yr ymbaratoi at yr amser pryd y byddi'n dyfod i'r byd i'w farnu. O wybod hyn, O! Dduw, gwna ni'n barod i blygu ger dy fron i geisio dy faddeuant a gofyn am dy ras i edifarhau. Cynorthwya ni i astudio dy Air ac i neilltuo amser i weddïo, fel y gallwn ddod i adnabyddiaeth well ohonot fel unigolion.

Arglwydd, rydym yn disgwyl yn dawel am dy iachawdwriaeth fel y cawn fynediad i'th bresenoldeb pan fyddi'n dychwelyd i'r ddaear i gasglu dy blant ynghyd.

> 'O tyred im calon Iesu,
> Mae lle yn fy nghalon i.'

Cyflwynwn ein gweddïau yn enw ac yn haeddiant ein Gwaredwr, yr Arglwydd Iesu Grist. Amen.

Menna Green

Y Nadolig

Darlleniad   **Ioan 1, 14; 3, 16-21**
                    Philipiaid 2, 5-11

Diolchwn i ti, O! Dduw ein Tad, dy fod ti'n Dduw sy'n caru, yn Dduw sydd o'n plaid ni. Ac wrth i ni ddathlu Gŵyl y Nadolig eto eleni, cynorthwya ni i sylweddoli o'r newydd mai'r hyn a welwn wrth edrych i gyfeiriad y baban bychan yn y preseb ym Methlehem yw rhyfeddod dy gariad tuag atom, a hynny yn wyneb ein annheilyngdod mawr ni.

Fe'n creaist yn berffaith ac yn dda a'n gosod mewn byd perffaith a da, ond fe lwyddon ni i ddifetha'r cyfan a chreu pellter rhyngom, a'r pellter yn angau i ni. Ond yn dy gariad daethost drwy'r pellter i'n plith ym mherson yr Arglwydd Iesu, a thrwy'i waith mae'r pellter yn cau.

Diolch i ti, O! Dduw, am dy gariad rhyfeddol sy'n pontio'r gagendor rhyngom ac yn ein dwyn yn ôl i berthynas lawn â thi, y pell bellach wedi'i ddwyn yn agos.

Bendithia'n dathliadau. Mae hon yn ŵyl i'w dathlu, mae'r dyddiau yn ddyddiau o lawenydd a diolchgarwch, ond cynorthwya ni i gofio, drwy'r cyfan, y rheswm dros y dathlu, a thrwy hynny gwna'n gweithgarwch yn deilwng. Yn y dwyster a geir mewn ysbaid o weddi neu fyfyrdod, yn y chwerthin a'r hwyl a geir wrth wrando plant yn mynd trwy'u gwaith neu mewn parti Ysgol Sul, yn y diddanwch a'r mwynhad a geir wrth groesawu ffrindiau neu ymweld â'r teulu, neu yn yr hapusrwydd a welir yn llygaid plentyn wrth agor rhoddion fore'r Nadolig, llefara wrthym am brydferthwch dy gariad sydd, trwy dy Fab Iesu Grist, yn cynnig tragwyddoldeb i ni.

Ac os yw'n hamgylchiadau'n ein rhwystro rhag medru gwneud yr hyn yr hoffem ei wneud, gofynnwn ar i ti aros gyda ni yn dy gariad ac yn dy ddiddanwch, gan ein hatgoffa'n gyson bod llawenydd a gobaith y Nadolig yn aros hyd yn oed pan rwystrir y gweithgarwch.

Cynorthwya ni hefyd i osgoi gwneud yr ŵyl yn un hunanol a thrachwantus, a bod yn barod i roi o'n hamser a'n hadnoddau i fod o gymorth a diddanwch i bwy bynnag sydd mewn trafferth, unigrwydd neu brinder. Hanfod y Nadolig yw gwyrth yr ymgnawdoliad, ti dy hun yn dy roi dy hun i ni. Gwna ni'n barod felly i ymateb i anghenion eraill, a thrwy'n gweithgarwch lefaru am ryfeddod dy gariad di, y cariad a barodd i ti wacáu dy hun er ein mwyn - y rhoi mwyaf a welwyd erioed.

O! Dduw ein Tad, bendithia'r Nadolig hwn eto. Maddau yr holl feiau a weli ynom, a thrwy dy Ysbryd Glan defnyddia ni i gyhoeddi'r newydd da am dy ddyfodiad i'n plith. Yn enw Iesu Grist ein Harglwydd, Amen.

Trefor Jones Morris

Diwedd Blwyddyn

Darlleniad Eseia 63, 7-16

O! Dduw ein Tad, mae'n ddiwedd blwyddyn arall a ninnau yn ôl ein harfer yn edrych yn ôl dros flwyddyn sydd wedi mynd heibio ac yn edrych ymlaen at ddirgelwch y flwyddyn sydd ar ddod. Edrychwn yn ôl â theimladau ac emosiynau amrywiol iawn gan fod y flwyddyn hon eto wedi bod yn llawn o brofiadau gwahanol, rhai melys a rhai chwerw, rhai cofiadwy a rhai i'w hanghofio. Ond beth bynnag bo'n hamgylchiadau, diolchwn i ti dy fod wedi bod gyda ni trwy gydol y flwyddyn, yn gydymaith i ni ar ein taith, yn arwain ac yn amddiffyn. O gofio hynny, edrychwn ymlaen yn hyderus, heb wybod beth sydd o'n blaenau, ond yn gwybod ein bod yn gwbl ddiogel yn dy ddwylo di.

Ac wrth blygu ger dy fron fel hyn, cyflwynwn ein hunain i ti fel pobl wahanol i'r hyn oeddem flwyddyn yn ôl. Mae amser wedi'n newid ni, wedi dwyn profiadau newydd i'n rhan sydd yn gwneud i ni heddiw fod yn wahanol i ni ddoe, ac yn y newid mae amser yn mynegi'n meidroldeb. Blwyddyn arall yn mynd heibio, carreg filltir arall wedi'i phasio, amser yn symud yn ei flaen a ninnau'n symud gydag ef, yn heneiddio gyda'i rediad wedi'n geni, yn mynd yn hŷn ac yn dod i derfyn ein taith.

Ond yr wyt ti, O! Dduw, yn sefyll y tu allan i ormes amser, yn anfeidrol a thragwyddol, ddoe, heddiw ac yfory yr un. Does dim heneiddio yn perthyn i ti; dim newid, dim gwendid. Yr wyt ti yn sefyll yn oes oesoedd mewn nerth ac awdurdod, does dim terfyn arnat. A ti, O! Dduw, ddaeth trwy dy Fab i fyd amser i gynnig maddeuant a lle i ni yn dy dragwyddoldeb. Plygwn mewn ofn a dychryn wrth feddwl am dy fawredd, ond hefyd mewn hyder a llawenydd wrth feddwl am dy gariad, y cariad sydd, yn ei amser, wedi gweithredu er ein mwyn.

Cyflwynwn ein hunain i ti, a gwnawn hynny yn gwbl hyderus gan wybod dy fod ti yn graig nad oes symud arni, yn graig sydd 'yn noddfa a nerth i ni'. Maddau'n hofnau a'n hamheuon, a rho inni'r gallu i bwyso arnat ac ymddiried ynot a hynny yn wyneb yr holl anawsterau all ddod i'n rhan naill ai fel unigolion neu fel eglwysi. Mae yna bethau'n medru digwydd sydd yn siglo rhywun i'w seiliau, ac ar adegau felly ein tueddiad yw cwestiynu pam neu sut, ac fe'i cawn hi'n anodd iawn ateb. Fel eglwysi mae'n ffydd yn medru bod yn wan iawn ac mae hynny i'w weld yn ein hanobaith a'n hamharodrwydd i fentro. Bydd gyda ni, rho dy Ysbryd i ni, cryfha'n ffydd fel ein bod yn medru llawenhau, gobeithio a mentro, a hynny pa mor anodd bynnag y bo'n hamgylchiadau.

Maddau'n beiau i gyd, yn enw ac yn haeddiant dy Fab, Iesu Grist. Amen.

Trefor Jones Morris

Sul Addysg

O! Dduw, ein Tad, plygwn yn ostyngedig ac yn wylaidd ger dy fron. Deuwn atat ti yn ein gwendid a'n diffyg a gofynnwn i ti wrando arnom ac ymateb i ni. Gwnawn hynny'n hyderus ac yn obeithiol wrth inni gofio am dy raslonrwydd a'th gariad rhyfeddol tuag atom, y cariad a welwyd yn y modd y bu i ti ddod i'n plith yn dy Fab Iesu Grist, yn faddeuant ac yn heddwch i ni. Deuwn atat felly yn ei enw a'i haeddiant ef gan wybod y byddi di'n gwrando arnom ac yn ymateb i ni.

Daethost yn oleuni i ni.

Yr oeddem wedi crwydro mor bell oddi wrthyt, a thywyllwch yn cau amdanom fel nad oeddem yn medru gweld dy wyneb mwyach. Ond daethost 'er mwyn i'r rhai nad ydynt yn gweld gael gweld'; daethost yn 'oleuni i'r byd'. Trwy dy Ysbryd Glân, cynorthwya ni i gredu ac ymddiried . . . a gweld.

Bydd yn oleuni eto.

Rhoddaist reswm i ni. a thrwy'n rheswm rydym yn darganfod ac yn dysgu. A ninnau heddiw yn cyfarfod ar Sul Addysg gofynnwn am dy fendith ar yr holl waith sy'n digwydd ym myd gwybodaeth a dysg.

Diolchwn i ti am athrawon ymroddedig sy'n cyflwyno gwybodaeth i ni gan ein cynorthwyo i bwyso a mesur y wybodaeth honno a'i chymhwyso i'n dealltwriaeth o'r byd a'i bethau.

Diolchwn i ti hefyd am ysgolheigion mewn meysydd eang ac amrywiol iawn sydd, trwy ymchwil ac arbrawf, yn dod â gwybodaeth a dirnadaeth newydd i ni.

Ond gwna'r cyfan yn gyfrwng inni fedru rhyfeddu o'r newydd wrth syllu ar y cread yn ei ehangder a'i drefn gan gofio mai dyma waith dy ddwylo di, a bod y cyfan yn dwyn tystiolaeth i'th fawredd a'th rym - 'Pan edrychaf ar y nefoedd, gwaith dy fysedd, y lloer a'r sêr, a roddaist yn eu lle . . . ' Yr wyt ti'n Dduw teilwng o bob clod a mawl, a gofynnwn am dy gymorth fel bod pob gwybodaeth yn tanlinellu hynny.

A rho i ni ddoethineb a thosturi fel ein bod yn medru defnyddio'n gwybodaeth yn adeiladol a buddiol, gan fod o wasanaeth i bobl yn eu hamgylchiadau a'u hanghenion amrywiol. Diolch i ti am bob defnydd o'r fath, ond maddau inni hefyd pan fyddwn yn troi'n dysg i gyfeiriad negyddol a difaol gan borthi'r drwg a'r creulon sydd ynom a dwyn rhagor o boen a dioddefaint yn ei sgil.

Gofynnwn hyn i gyd yn enw ac yn haeddiant ein Harglwydd Iesu Grist. Amen.

Trefor Jones Morris

Sul y Beibl

Darlleniad   2 Pedr 1, 16-21
Ioan 20, 30-31

Diolchwn i ti, O! Dduw, am gyfle newydd arall i blygu mewn gweddi ger dy fron. Sylweddolwn bod modd inni fedru troi atat ti a siarad â thi ar unrhyw adeg a than unrhyw amgylchiad, a diolchwn i ti am gyfrwng mor hawdd, mor syml ac mor effeithiol. Ond heddiw diolchwn am gyfle i blygu gyda'n gilydd fel cynulleidfa a chodi'n llef fel un. Diolchwn am gymdeithas yr eglwys, am ei chynhesrwydd a'i chwmnïaeth, ac fel teulu deuwn ger dy fron a siarad â thi fel hyn. A diolch dy fod yn Dduw sydd bob amser yn barod i wrando arnom, bob amser yn barod i ymateb i ni, a hynny oherwydd y berthynas arbennig sydd rhyngot a'r Eglwys. Yr wyt ti yn Dduw i ni, a ninnau yn bobl i ti, a hynny nid oherwydd unrhyw rinweddau ynom ni, ond oherwydd yr hyn yr wyt ti wedi'i wneud drosom yn dy Fab Iesu Grist, pen a sylfaen yr Eglwys.

Diolchwn dy fod yn Dduw sy'n llefaru.

Yn y dechreuad fe leferaist a daeth popeth i fod, a thrwy dy Air yr wyt wedi cynnal popeth o'r dechreuad hyd heddiw.

Yn y creu fe'n lluniaist ni ar dy ddelw dy hunan gan ein gosod mewn sefyllfa o anrhydedd ac awdurdod. Ond troesom ein cefnau arnat ac ymbellhau oddi wrthyt, ac yr wyt ti, yn dy drugaredd mawr, wedi llefaru'n gyson wrthym yn ein tywyllwch. Siaradaist wrth y tadau drwy'r proffwydi, ac yna daethost atom gan lefaru wrthym yn dy Fab, a daeth y Gair oedd yn rym yn y creu i'n plith yn rym i ddatguddio ac agor ffordd.

Heddiw, ar Sul y Beibl, diolchwn i ti am y geiriau sy'n dwyn tystiolaeth i'r 'Gair a ddaeth yn gnawd', y geiriau sy'n llefaru wrthym am dy lefaru rhyfeddol di. Gofynnwn ar i ti, trwy dy Ysbryd Glân, blannu'r awydd ynom i ddarllen, fel ein bod yn 'gwybod y geiriau', ac ar yr un pryd yn clywed dy lais di yn llefaru wrthym fel ein bod wedyn yn 'adnabod y Gair'.

Diolchwn i ti am y trysor godidog hwn sydd yn ein meddiant a maddau i ni ein bod yn medru bod mor ddi-hid ohono. Maddau'r cloriau caeedig a dieithrwch y tudalennau, a dysg ni eto ei werth a'i gyfoeth.

Cofiwn wedyn am ymroddiad ac aberth y gorffennol yn yr ymdrech a fu ar y naill law i sicrhau fod y Beibl ar gael i bawb, ac ar y llaw arall i wneud yn siŵr fod pawb yn medru'i ddarllen; deilliodd hynny o'r awydd mawr i ddod â'th Air di at bob un. Dyro i ninnau'r sêl a'r brwdfrydedd i gyflwyno dy efengyl, yn fendith i'n hamser, yn falm i'n briwiau.

Gofynnwn hyn yn enw ac yn haeddiant dy Fab, Iesu Grist, Amen.

Trefor Jones Morris

Sul y Gwahanglwyf

Darlleniad **Eseia 61, 1-4**
Luc 17, 11-19

'Ein Duw bendigedig, Duw tyner a sanctaidd,
Cyfaill y tlawd a goleuni ein tywyllwch,
Rhown ddiolch i ti, yr hwn sydd yn deilwng
o bob diolch a mawl.

Ti yw yr un sydd, yn dy ras,
yn dewis pethau ffôl y byd i gywilyddio'r doeth,
yn dewis y gwan i gywilyddio'r cedyrn.

Ti sydd yn adfer y gwahanglwyf,
yn cofleidio'r gwrthodedig,
yn rhoi urddas i'r dirmygedig,
ac yn rhoi gobaith i'r gwan-galon.

Rhoes dy Fab heibio ei ogoniant
i olchi traed pechaduriaid.
Daeth i'n plith megis un wedi ei ddirmygu a'i wrthod;
cymerodd ein gwendidau, a dygodd ein clwyfau;
safodd yn unig i ddioddef ein cosbedigaeth.

Dy Ysbryd sydd wedi iro clwyfau pechod,
ac wedi eneinio dy bobl ag olew llawenydd.
Yr wyt yn eu gwisgo mewn gorfoledd a gogoniant,
rhoist yn eu genau eiriau tragwyddoldeb.

Ti, borth y bywyd, iachawdwr y cenhedloedd,
Bendigedig ydwyt, a'th gariad a'th drugaredd
sy'n ddi-derfyn.

Ein Tad, yr wyt wedi'n heneinio â'th Ysbryd, ac wedi'n hanfon i bregethu'r newyddion da i'r tlodion, i gysuro'r toredig o galon, i gyhoeddi rhyddid i'r caethion ac i roi gollyngdod i garcharorion y tywyllwch.

A ninnau'n gryf ac yn iach, cofiwn am lawer sydd mewn gwendid a salwch. Caniatâ i ni dy weld di yn ein gilydd, ac i sylweddoli beth yw pwrpas mawr ein bywyd ar y ddaear. Helpa ni i wneud daioni i'n gilydd, fel y bydd i ni, wrth fendithio'n gilydd, hefyd dderbyn bendith.

Deffra lywodraethau'r byd i ymgymryd â'u cyfrifoldeb o rannu yn y gwaith o fwydo, iachau, dysgu a rhyddhau holl bobloedd y byd. Diolch i ti am ei bod hi bellach yn bosib i wella pawb sy'n dioddef o'r gwahanglwyf yn y byd yma. Diolchwn am ymroddiad ac ymgysegriad y meddygon a'r gwyddonwyr hynny sydd wedi bod yn chwilio am y cyffuriau priodol i ddod a'r feddyginiaeth hon i fodolaeth.

Gweddïwn dros y rhai sy'n derbyn triniaeth at y gwahanglwyf ar hyn o bryd. Cofiwn hefyd am y rhai sy'n peidio dod i dderbyn y driniaeth am wahanol resymau; a'r rhai hynny y daw'r feddyginiaeth yn rhy hwyr i'w harbed rhag dioddef anabledd a fydd yn effeithio arnynt gydol eu bywyd.

Gweddïwn y bydd pobl yn dal i ymateb mewn haelioni i'r angen i gyfrannu at gost y feddyginiaeth, fel y bydd mwy a mwy o wahangleifion yn cael gwellhâd llwyr o'u doluriau, ac yn gallu wynebu bywyd o'r newydd mewn hyder a heb nam corfforol.

Gofynnwn am dy fendith ar yr ymdrech fyd-eang hon, a ninnau'n credu ei bod hi'n rhan o'th waith iachusol di. Amen.

Tecwyn Ifan

Sul Cymorth Cristnogol

'...yn gymaint i chwi ei wneud i un o'r lleiaf o'r rhain,
fy mrodyr, i mi y gwnaethoch.'

'Rho imi nerth i wneud fy rhan
I gario baich fy mrawd;
I weini'n dirion ar y gwan,
A chynorthwyo'r tlawd.'

Arglwydd, mae'n byd yn llawn annhegwch ac anghyfiawnder, ac mi
fydd miloedd yr wythnos hon, fel pob wythnos arall o'r flwyddyn, yn
dioddef o ganlyniad i hynny - trwy erledigaeth a gormes, newyn a
thlodi.

Cofia am ein byd, a llwydda bob ymdrech i unioni'r balans rhwng
y rhai sydd â digon a'r rhai sydd heb ddim. Diolch i ti am fudiad
Cymorth Cristnogol mewn gwlad o ddigonedd, a'i nod i ddiwallu'r
angen sydd yn y byd, a hynny nid yn unig drwy rannu nawdd a
maeth i drigolion y Trydydd Byd, ond trwy eu hyfforddi a'u
cynorthwyo i dyfu eu cynnyrch eu hunain.

Diolch i ti am y bartneriaeth sy'n hybu'r cydweithio hwn; a diolch
am ddiogelu urddas y bobl trwy eu hyfforddi i'w helpu eu hunain
wrth amaethu a chynhyrchu ac adeiladu. Cynorthwya ni i'n gweld
ein hunain, Arglwydd, yn rhan o'r bartneriaeth hon:

'Ehanga 'mryd, a gwared fi
Rhag culni o bob rhyw;
Rho imi weld pob mab i ti
Yn frawd i mi, O! Dduw.'

Rho inni'r awydd i gynorthwyo'n cyd-ddyn anghenus yn ei
ddyhead am fara beunyddiol, am loches a dillad ac am yr hawl i fyw
ei fywyd yn ddidramgwydd. Boed i'n cefnogaeth ni fod yn deilwng
ohonom fel disgyblion i ti. Diolchwn i ti am ein cymell i gynnig mwy

43

na bara beunyddiol yn unig, a helpa ni i estyn ein rhoddion mewn cariad ac yn enw'r Crist a ddywedodd nad 'ar fara yn unig y bydd byw dyn, ond ar bob gair a ddaw o enau Duw'. Cynorthwya ni i gynnig ymhellach, drwy ein hymroddiad, a'n hymateb i anghenion eraill.

Diolchwn i ti am bob gweithgarwch lleol, am giniawau bara a chaws, am siopau elusen ac am gasgliadau drws-i-ddrws sy'n hybu gwaith y mudiad. Diolchwn am y rhai sy'n rhannu'r nawdd ac yn estyn y cymorth. Bendithia'r gwaith a llwydda bob ymdrech, a boed inni weld ein rhoi a'n gwneud yn fodd i'th ogoneddu di ac i ddwyn mawrhad i'th enw.

> 'Gad imi weld dy wyneb-pryd
> Yng ngwedd y llesg a'r gwael;
> A gwrando'r gŵyn nas clyw y byd,
> Er mwyn dy gariad hael.'

'Yn gymaint â'i wneuthur i un o'r rhai hyn ... i mi y gwnaethoch.' Amen.

Peter Thomas

Sul yr Urdd

'Ac efe a wnaeth o un gwaed bob cenedl o ddynion i
drigo ar wyneb y ddaear ...'

Diolchwn i ti, O! Dduw, am Urdd Gobaith Cymru, am weledigaeth ei
sylfaenydd ac am y cenedlaethau o blant a phobl ifainc sydd wedi
elwa ac sy'n parhau i elwa o'r ddarpariaeth a gynigir drwy'r mudiad
hwn.

Cynorthwya ni yn unol ag arwyddair triphlyg yr Urdd i addunedu
ein ffyddlondeb i Gymru, i Gyd-ddyn ac i Grist.

Ffyddlondeb i Gymru:

'Dros Gymru'n gwlad, O! Dad, dyrchafwn gri,
Y winllan hon a roed i'n gofal ni ...'

Cydnabyddwn, O! Dad, mai rhodd oddi wrthyt ti yw cenedl a
gwlad, treftadaeth gyfoethog yr ymddiriedwyd inni'r cyfrifoldeb o'i
gwarchod a'i hamddiffyn a'i throsglwyddo'n ddilychwin i bob
cenhedlaeth.

Diolchwn i ti am ein hiaith a'n diwylliant, am dir ein gwlad a'i
thraddodiadau llenyddol a barddonol; am geinder crefft ac am
arbenigrwydd a hunaniaeth ein cenedl. Ond gwyddom hefyd, O!
Dad, fod Cymru'n newid. Yr ydym yn genedl o bobl gymysgryw fel
pob cenedl arall, ac mae'n anochel fod gan bawb eu delwedd o
Gymru. Ond yn ogystal â gweld y ddelwedd, helpa ni i geisio'n
adnabod ein hunain am yr hyn ydym ni. Mewn hunanadnabyddiaeth
y mae ymdrech at ddelfryd, a'r ddelfryd yw Cymru hyderus a'i hiaith
a'i phobl yn ffynnu.

Ffyddlondeb i Gyd-ddyn:

'Maent cyn hyned â'n daear,
O un gwaed fe'u crewyd yn wâr
A'u gwasgar i bedwar ban,
Hen hil, yn deulu cyfan;
Cwlwm gwiw o genhedloedd
A swm eu tras, trysor oedd.'

45

Diolchwn i ti, O! Dad, am ein hil a'n gwna'n deulu ac yn bobl sy'n rhannu perthynas a thras a thrysor adnabyddiaeth. Mae hynny'n ein dyrchafu uwchlaw hynodrwydd iaith a diwylliant a lliw croen, ac yn ein creu yn ddynoliaeth - yn frodyr ac yn chwiorydd i'n gilydd.

Gweddïwn dros ein cyd-ddynion ymhob gwlad ar iddynt rannu'r weledigaeth a ddaw â chymod a heddwch i'n byd; iddynt gynnal y gwerthoedd hynny sy'n diogelu bywyd cymdeithas ac ymdrechu i fyw mewn cytgord â'r greadigaeth.

Ffyddlondeb i Grist:

> 'Cysegrwn flaenffrwyth dyddiau'n hoes
> I garu'r hwn fu ar y Groes ...'

Gweddïwn am nerth i fod yn ffyddlon i Grist a'i gariad ef. Diolchwn i ti, O! Dad, am y copa gwyn sydd i fathodyn yr Urdd - yn arwydd o'r nod yr ymgyrchwn tuag ato. Boed inni gofio bod y gwyrdd a'r coch - gwlad a chyd-ddyn - yn ddarostyngedig i'w awdurdod ef.

Diolchwn i ti am ein Harglwydd Iesu Grist sy'n ein cymell ni i fod yn ddilynwyr iddo ac i weithio drosto. Helpa ni i gysegru ein doniau a'n gallu i'w wasanaethu, a boed i eraill drwy'r gwasanaeth hwnnw ei weld ef ynom ni.

Bendithia fudiad Urdd Gobaith Cymru yn holl agweddau ei weithgarwch. Nertha ni, Arglwydd, i gadw'n haddewid i fod yn ffyddlon i Gymru ac yn deilwng ohoni i fod yn ffyddlon i'n cyd-ddyn pwy bynnag y bo, ac yn ffyddlon i Grist a'i gariad ef. Amen.

Peter Thomas

Sul Un Byd

'Bydded i'r cenhedloedd lawenhau a gorfoleddu,
oherwydd yr wyt ti'n barnu pobloedd yn gywir ac
yn arwain y cenhedloedd ar y ddaear. Bydded i'r
bobloedd dy foli, O! Dduw, bydded i'r holl bobloedd
dy foli di.'

O! Dduw, creawdwr y byd a phob dim sydd ynddo, mawrygwn di
am waith dy ddwylo o fewn dy greadigaeth. Tydi a luniaist drefn o
anhrefn ac a ffurfiaist fyd o grai ddefnyddiau'r cread. Gosodaist
ffurfafen yn do, a'r tir a'r dyfroedd yn gyfryngau i gynnal bywyd.
Rhoist inni'r tymhorau yn eu trefn a chynhysgaeth pob tymor yn
dwyn ei faeth a'i gynhaliaeth.

Gwasgeraist yr hil i bedwar ban yn gwlwm o genhedloedd, ac
o'u gwaddol fe gyfyd, o oes i oes, flagur bywyd.

'Bydded i'r boblogaeth dy foli di, O! Dduw.
Bydded i'r holl bobloedd dy foli di.'

Diolchwn i ti am y Sul arbennig hwn a'n gwna ni'n ymwybodol
ein bod ni oll yn ddeiliaid dy greadigaeth ac yn ddisteiniaid yr hyn yr
wyt ti wedi ei ymddiried inni.

Helpa ni i gofio taw dy fyd di yw hwn a'n bod yn atebol i ti am ein
gofal ohono. Cynorthwya ni i'w warchod a'i amddiffyn yn hytrach
na'i lygru a'i ecsbloitio, er mwyn inni fyw mewn harmoni â'th fyd.

Rho dy gymorth inni hefyd geisio byw mewn cytgord â'n gilydd
fel dynoliaeth trwy ymdrechu i ymgadw rhag trais a gwrthdaro. Dysg
ni i gymodi a charu fel y bydd i ryfeloedd beidio ac fel y bydd pobl o
bob gwlad a hil ac iaith yn gweithio'n egnïol i geisio sicrhau
goddefgarwch a heddwch rhyngddynt a'i gilydd.

Cynorthwya ni i gydnabod ein cyfyngiadau a pharchu cryfderau ein gilydd ac i sylweddoli ein bod ni'n gynnyrch dy ddwylo a'th feddwl di. Ynot ti yr ydym ni'n un - yn un byd, yn un greadigaeth, yn un bobl. Amen.

Peter Thomas

Sul y Genhadaeth

Darlleniad   **Mathew 28, 16-20**
Ioan 21, 15-17

Ein Tad, daethom at ein gilydd heddiw ar y diwrnod arbennig hwn i ddathlu'r genhadaeth.

Diolch fod gyda ni ddydd wedi ei neilltuo i gofio am y gwaith cenhadol, ac eto sylweddolwn nad oes modd cyfyngu'n meddwl amdano i'r un diwrnod. Arwain ni yn ein haddoliad heddiw i weld o'r newydd ehangder a phwysigrwydd y genhadaeth. Y neges y mae'n rhaid ei chyhoeddi yn gyson a'r gwaith nad yw byth yn darfod.

Gobeithio y bydd ein cofio ni heddiw yn ein helpu ni i weld pob dydd yn gyfle i genhadu. Diolchwn am y cenhadon a anfonaist i'n byd dros hanes dynoliaeth. Y proffwydi a'r offeiriaid, yr arweinwyr a'r apostolion, a'r gwŷr a'r gwragedd cyffredin, da a duwiol. Y rhai a ddaeth â gair a gweledigaeth, defod a gweithred yn gyfryngau dy neges a'th ewyllys. Gyda chywilydd yr ydym yn cydnabod na chafwyd y derbyniad yr oeddet ti yn ei haeddu. Bu anwybyddu a gwrthwynebu'r genhadaeth, a gwrthod ac erlid y cenhadon.

Eto, diolchwn am y rhai hynny a wrandawodd ar y neges ac a'i cymhwysodd i'w bywyd, ac a ddaeth yn eu tro yn gyfryngau newydd i'r genhadaeth. Trwy eu hymroddiad hwy a'r rhai a'u dilynodd cawsom ninnau glywed amdanat a rhannu yn y bywyd newydd yn Iesu Grist.

Arglwydd, trwy ein cofio, cynorthwya ni i ymdrechu i fod yn deilwng o weinidogaeth y gorffennol, ac i wneud ein rhan i barhau'r gwaith cenhadol i'r dyfodol.

Cofiwn heddiw, gyda gwerthfawrogiad a diolch, am y cenhadon a aeth o'r ynysoedd hyn i gludo'r efengyl i bedwar ban byd. Diolchwn am eu hymrwymiad i'th wasanaeth. Diolchwn am eu dewrder a'u haberth. Diolchwn am eu cariad a'u gwasanaeth i'r bobl. Diolch fod cymaint ohonynt wedi'u huniaethu eu hunain â gwlad ac iaith a thraddodiad a diwylliant, gan gymhwyso'r efengyl ar gyfer amgylchiadau ac anghenion arbennig. Diolch am waith pwysig yn ei amser a'i gyfnod.

Ond wrth werthfawrogi'r gorffennol, helpa ni i gofio ein bod bellach yn rhan o bartneriaeth fyd-eang, yn wledydd a chenhedloedd a phobloedd gyda'n gilydd.

Bydded inni ddathlu heddiw ein haelodaeth o'r teulu cenhadol, y cyfle i gael ein dysgu ac i dderbyn gan eraill, ac i gydweithio er llwyddiant y genhadaeth, gartref yn ogystal ag ym mhellafoedd daear.

Arglwydd, fe ddest ti â'r genhadaeth atom mewn modd arbennig iawn yn Iesu Grist, gan bregethu'r newydd da i dlodion a chyhoeddi rhyddhad i garcharorion, adferiad golwg i ddeillion a pheri i'r gorthrymedig gerdded yn rhydd, i gyhoeddi blwyddyn ffafr yr Arglwydd. Helpa dy Eglwys heddiw, yn ei chenhadaeth hi, i gofio hynny. Wrth ymwneud â'r byd yn ei anobaith a'i anghyfiawnder, a phobl mewn dioddefaint a phoen, helpa ni i rannu'r iachawdwriaeth gyflawn sydd yn Iesu Grist, y newydd da sy'n diwallu pob angen ac yn cyflenwi pob diffyg.

Cydnabyddwn, Arglwydd, mai dy enw di yn unig sy'n haeddu ei gyhoeddi, a'th gariad di yn unig sy'n teilyngu sôn amdano. I ti yr ydym yn cyflwyno'r gwaith, er clod a gogoniant i'th enw mawr. Amen.

Robin Samuel

Sul y Cofio

'Bydd ef yn barnu rhwng cenhedloedd ac yn torri'r
ddadl i bobloedd cryfion o bell; byddant hwy'n
curo'r cleddyfau'n geibiau, a'u gwaywffyn yn grymanau.
Ni chyfyd cenedl gleddyf yn erbyn cenedl, ac ni ddysgant
ryfel mwyach...'

Arglwydd Dduw, diolchwn i ti am y ddawn i gofio, er bod cofio ar
adegau'n gallu bod yn boenus. Cwyd ni uwchlaw pob dim sy'n
negyddol a rhwysgfawr mewn perthynas â'r dydd hwn a chyfeiria ni
yn hytrach i sicrhau cymod a gwell dealltwriaeth yn ein byd. Helpa
ni i ddysgu o gamgymeriadau ddoe ac ymdrechu i sicrhau yfory
mwy heddychlon.

Ar Sul y Cofio, diolchwn i ti am bob dim sy'n gwneud bywyd yn
werthfawr a diogel a bendithiol: y rhyddid a fwynhawn; y cymod
sy'n deillio o'n parodwydd i ystyried gwahaniaeth barn heb orfodi
eraill i gydymffurfio â ni; y cyfle i ailadeiladu ac ail-greu wedi
dioddefaint a dinistr.

Diolchwn i ti am y rhai fu'n gyfryngau i sicrhau'r rhyddid hwn, y
rhai drwy eu haberth a'u gwroldeb a roes inni waddol mor sylweddol.
Na ad inni ddibrisio'u hymdrech hwy, a phâr i deuluoedd y golled
brofi o'r newydd heddiw o'th gysur a'th dangnefedd di.

Diolchwn i ti am y rhai hynny a luniodd drwy eu dawn a'u gallu
ein hanes a'n treftadaeth ni, ac am y rhai hynny drwy eu gweledigaeth
a'u dycnwch a gynlluniodd yn fedrus a doeth ar gyfer ein hyfory.

Wrth inni ddwyn i gof yr hyn a wnaed trosom ni, gad inni ganfod
y pethau hynny y mae'n rhaid inni eu sicrhau yn ein dydd a'n cyfnod
- y pethau hynny y mae'n byd yn amddifad ohonynt, ac yn dal heb
eu sylweddoli eto. Clyw gri ein byd ac arwain ni i geisio ymateb
iddo.

Cofiwn am y trais a'r cweryla, y gorthrwm a'r tensiynau, y
rhwygiadau a'r chwerwedd sy'n parhau i greu anghydfod a rhyfeloedd

yn ein byd. Gweddïwn iti faddau inni ein methiant i fyw'n gytûn.

Cofiwn am yr apostolion heddwch hynny mewn llawer gwlad sy'n ymdrechu'n egnïol i wireddu'r freuddwyd a'r broffwydoliaeth y mae'r proffwyd Micha yn ei harddel, fel na chyfyd cenedl gleddyf na gwn nac unrhyw rym dinistriol yn erbyn cenedl, 'ac na ddysgant ryfel mwyach'.

Gweddïwn dros y rhai sydd mewn awdurdod ac mewn llywodraeth - y rhai sy'n ffurfio polisïau'r cenhedloedd ac yn abl, trwy'r awdurdod a ymddiriedwyd i'w gofal, i weithredu dros ryddid a gwirionedd.

Gwna ni'n gyfryngau dy dangnefedd a'th heddwch, a thro'n cofio yn ymgysegriad ar gyfer yfory gwell. Dysg ni i daenu dy gariad ar led ac i ymddiried ynot fel Tad bythol a Thywysog Tangnefedd. Amen.

Peter Thomas

Sul y Mamau

Darlleniad **Diarhebion 31, 10-21**
Luc 2, 41-52

Deuwn atat ti, ein Tad graslon a thrugarog, i ddiolch i ti am bob dylanwad dyrchafol a fu arnom yn ein bywyd. O bob dylanwad, diolchwn am ddylanwad mamau da. Mae'r rhain wedi perarogli oesoedd byd. Diolch i ti am Efa, y fam gynta, ond canmil mwy o ddiolch am Mair, mam Iesu.

Diolch i ti am gariad pob mam dda. Hwy fu'n suoganu uwch ein crud; yn gwylio'n cerddediad pan oeddem yn blant; yn aberthu, yn ceryddu ac yn disgyblu. Dyma'r cariad sy'n gwylio, y cariad sy'n galw, yn gwarchod ein cerddediad ym more oes, ac yn gwarchod ein bywyd hyd ei allu.

Diolch iddynt am gydio yn ein llaw ar ddechrau'r daith a'n harwain i'th gysegr di. Cydnabyddwn ein dyled iddynt am ein dysgu i barchu dy bethau di. Meddyliwn yn aml, O! Dduw ein Tad, beth fyddai ein hanes oni bai iddynt ein cyfarwyddo a'n dysgu i ddewis y gorau mewn bywyd.

Gwerthfawrogwn eu haberth, eu cariad a'u llafur yn paratoi cartref cysurus ar ein cyfer. Gwyddom fod eu cariad yn fawr tuag atom oherwydd eu gofal amdanom. Sylweddolwn fod lles a ffyniant y teulu yn cael blaenoriaeth ganddynt bob amser. Gofidiwn yn aml inni fethu ymateb fel y dylem i'r cariad a ddangoswyd ganddynt.

Derbyn ein diolch, O! Dduw, am bob cyfarwyddyd a chyngor a roddwyd inni gan ein mamau; oni bai amdanynt, ni fyddai unrhyw fath o drefn o gwbl arnom. Cydnabyddwn na fu inni wrando bob amser ar gyngor ein mamau, oherwydd ein bod yn meddwl ein bod yn gwybod yn well na hwy. Gwelsom fwy nag unwaith mai ein camgymeriad mawr oedd peidio â dilyn eu cyfarwyddyd.

Maddau inni am beidio eu parchu fel y dylem eu parchu; maddau inni os nad ydym yn eu caru fel y dylem eu caru. Wrth inni ddod i weld a sylweddoli mor fawr yw ein dyled iddynt, arwain ni, os gweli'n dda, i'w caru ac i fod yn ofalus ohonynt. Dyro dy gymorth inni weld mai:

'Ein braint yw byw i'w caru hwy
Sy'n byw i'n caru ni.'

Er inni, O! Dduw ein Tad, ganmol y mamau a'u cariad, eto sylweddolwn bod dy gariad di'n fwy hyd yn oed na chariad mam.

'Cariad Duw fydd eto'n arwain,
Cariad mwy na chariad mam.'

Diolchwn i ti felly, O! Arglwydd, am y Sul arbennig hwn a neilltuwyd i fod yn Sul y Mamau. Dyro inni wrth weddïo gofio un o'r Deg Gorchymyn:

'Anrhydedda dy dad a'th fam, er mwyn amlhau dy ddyddiau yn y wlad y mae'r Arglwydd yn ei rhoi i ti.'

Cofiwn heddiw am y rhai na ŵyr ddim am ein braint a'n dyled ni; rhai sydd heb wybod am ofal a chariad mam. Cofiwn am y mamau hynny mewn rhannau tlawd o'r byd sydd heb fwyd i'w roddi i'w plant, mamau sy'n gorfod gwylio'u plant yn dioddef ac yn marw. Cofiwn amdanynt ar Sul y Mamau, ac am bob cymorth a roddir iddynt yn eu pryder am eu hanwyliaid.

Gweddïwn ar i holl famau Cymru ddod i adnabod y Gwaredwr, a thrwy hynny arwain eu plant i lwybrau'r efengyl. Gwrando ar ein gweddi ar ran holl famau ein gwlad, yn enw Iesu Grist ein Harglwydd. Amen.

Eifion Jones

Heddwch

Hollalluog Dduw, a Thad holl genhedloedd byd, wele ni'n nesáu atat yn awr gan ddiolch i ti am dy ddatguddio dy hun yn Dduw ac yn Dad i ni. Gan dy fod yn Dad i ni, yr ydym ninnau'n frodyr i'n gilydd. Maddau inni cyn lleied o ysbryd brawdgarwch a welir yn ein byd heddiw. Maddau inni am beidio â byw fel plant i ti, ac fel brodyr i'n gilydd. Deuwn atat gan weddïo dros y byd yr ydym yn byw ynddo.

> 'Deisyf wnawn i'r holl genhedloedd
> Fyw fel brodyr yn gytûn.
> Dyro ddiwedd ar ryfeloedd,
> Rho dy ysbryd ym mhob dyn.'

Sylweddolwn, O! Dduw ein Tad, bod casineb, cenfigen, rhyfela ac anghyfiawnder yn hollol groes i'th ysbryd di. Ni allwn ond cydnabod ger dy fron fod y byd a'r hyn sy'n digwydd heddiw yn pwyso'n drwm ar ein meddyliau a'n calonnau. Mae'r byd yr ydym yn byw ynddo'n ymffrostio cymaint mewn nerth, gallu a grym.

Gwyddom hefyd mai ti yw ffynhonnell a sylfaen pob gwir heddwch a thangnefedd. Dangos inni nad oes diben o gwbl inni sôn am ffordd heddwch a thangnefedd os nad ydym yn byw mewn cymod a heddwch â'n cymydog. Cofiwn mai dy ewyllys di yw ar inni fyw mewn heddwch â'n gilydd. Erfyniwn arnat yn awr:

> 'Bwrw ymaith bob gelyniaeth
> Welir yn ein dyddiau ni.
> Argyhoedda ein cenhedlaeth
> Mai Duw cariad ydwyt ti.'

Diolchwn i ti am ddangos i ddynion ffordd dra rhagorol yn dy Fab, ein Harglwydd Iesu Grist. Gorchmynnodd Iesu ni i garu ein gilydd. Erfyniwn yn daer ar i ddynion, drwy gymorth dy Ysbryd di, fedru ymateb i'w eiriau ef. Dangos inni eto mai 'nid trwy lu, ac nid trwy nerth', ond trwy dy Ysbryd di yng nghalonnau dynion y gallwn ni gyd-fyw'n hapus â'n gilydd.

Arwain ddynion, O! Dduw, i anghofio amdanynt eu hunain, ac i feddwl yn gyntaf amdanat ti, ac am eu cyd-ddynion. Arwain hwy i geisio dy arweiniad di ac i fyw fel plant i ti.

Bendithia bawb sy'n gweithio dros heddwch byd, ac sy'n gwneud popeth i gael pobl i barchu dy enw ac i ufuddhau i'th orchmynion. Cydnabyddwn nad yw ein ffordd o fyw fel cenhedloedd byd yn deilwng ohonot ti.

> 'Cofiwn am y rhai sy'n tystio
> Heddiw'n eofn yn ein tir
> Am efengyl sydd yn uno
> Ac yn rhoi tangnefedd gwir.'

Ein gweddi yma'n awr yw, 'O! cymoder pawb â'i gilydd wrth dy groes'. Bydded i dangnefedd y Gwaredwr ei hun drigo yng nghalonnau dynion.

> 'Efengyl tangnefedd, O! rhed dros y byd
> A deled y bobloedd i'th lewyrch i gyd.
> Na foed neb heb wybod am gariad y Groes,
> A brodyr i'w gilydd fo dynion pob oes.'

Gwrando arnom yn ein gweddi daer yn enw Iesu Grist sy'n cymodi dynion â'i gilydd. Amen.

Eifion Jones

Cynhaliaeth

Darlleniad   **Salm 65**
                    Salm 104

Plygwn ger dy fron, O! Dduw ein Tad, i'th ganmol ac i'th glodfori di am y cyfan sydd wedi ein cynnal a'n cadw hyd yn awr. Diolchwn i ti am yr amrywiol fendithion sydd wedi ein cynnal yn gorfforol ac yn ysbrydol. Ti, ein Tad, sy'n ein cynnal ni o ddydd i ddydd ac o nos i nos. Pobl yn byw, yn symud ac yn bod ynot ti ydym.

> 'O! plygwn bawb ei lin
> O flaen ein Brenin mawr;
> Addolwn ef, ein dyled yw,
> Rŷm arno'n byw bob awr.'

   Ni fyddai'r un ohonom yn medru symud o gwmpas, ni fyddai'r un ohonom yn medru mynd a dod oni bai dy fod ti, O! Dduw, yn ein cynnal bob munud awr. Bob eiliad, bob munud, bob awr a phob dydd yr ydym yn dibynnu arnat ti.

> 'Duw'r bendithion yw dy enw
> Yn cyfrannu'n helaeth iawn.
> 'Rôl cyfrannu yn y bore
> Rhoddi eilwaith y prynhawn.'

> 'Pob rhodd berffaith, pob rhodd ddaionus, oddi wrth
> Dduw y mae.'

   Cydnabyddwn yn agored ger dy fron mai 'Ar dy drugareddau yr ydym oll yn byw'. Wrth inni sylweddoli ein dibyniaeth arnat ti, teimlwn hi'n ddyletswydd arnom i ddod i gyflwyno ein diolchgarwch i ti. Gwyddom, O! Dduw ein Tad, bod gennym anghenion corfforol, ac mai tydi yn unig sy'n darparu ar gyfer yr anghenion hynny. Fe wyddost ti, O! Arglwydd, beth yw ein hanghenion ni; fe wyddost ti beth yw galw mawr ein bywyd ni. Diolchwn i ti am gwrdd ag anghenion dy blant. Derbyn ein diolch am ein bara beunyddiol. Wele ni ger dy fron yn dy gydnabod fel ein gwir gynhaliwr mewn bywyd.

Gwyddom na fedr ein cyrff ni ddim byw heb fwyd a diod, ond gwyddom hefyd, O! Arglwydd, na fedr ein heneidiau ni ddim byw chwaith heb faeth ysbrydol. Cydnabyddwn mai ein tuedd yw anghofio bod gennym ni anghenion ysbrydol ac mai ti sy'n eu cynnal. Er cymaint yw ein hangen ni am fara beunyddiol, arwain ni i weld ein hangen am Iesu Grist, 'Bara'r Bywyd':

> 'A boed ein llais o hyd, a'n llef
> Am gael o fara pur y nef.'

Arwain ni fel pobl i sylweddoli mor wir yw geiriau'r emyn:

> 'Holl angen dyn, tydi a'i gŵyr,
> D'efengyl a'i diwalla'n llwyr,
> Nid digon popeth hebot ti:
> Bara ein bywyd, cynnal ni.'

Diolchwn o waelod calon am efengyl sy'n ein cynnal ynghanol amrywiol brofiadau bywyd, ac yn arbennig am y ffydd sy'n ein cynnal fel pobl ar daith bywyd.

> 'Rwy'n gweled bob dydd
> Mai gwerthfawr yw ffydd;
> Pan elwy' i borth angau
> Fy angor i fydd:
> Mwy gwerthfawr im yw
> Na chyfoeth Periw;
> Mwy diogel i'm cynnal
> Ddydd dial ein Duw.'

Gofynnwn i ti, y cynhaliwr mawr, dderbyn ein diolch am bob cynhaliaeth ar gyfer corff ac enaid, yn enw Iesu Grist dy Fab. Amen.

Eifion Jones

Unigrwydd

Salm 23, 1-6
          Mathew 8, 18-20
          Ioan 16, 32-33

Diolchwn i ti, O! Dduw ein Tad, y gallwn ni nesáu atat ti bob amser gan gofio a chredu ein bod yn dod at un sy'n ein deall ni, ac yn gwybod popeth amdanom ni. Rwyt ti'n gwybod yn well na neb arall amdanom ni. Gwyddost am ein hofnau ac am ein teimladau. Gwyddom hefyd, ein Tad, dy fod ti nid yn unig yn ymwybodol ohonom, ond dy fod yn meddwl amdanom bob amser:

> 'Yr Arglwydd a feddwl amdanaf
> A dyna fy nefoedd am byth.'

Dwyt ti ddim yn debyg o anghofio'r un o'th blant; ni sy'n anghofio. Deisyfwn dy gymorth i gofio ac i feddwl am yr unig a'r digalon yn ein cymdeithas. Sylweddolwn, O! Arglwydd, o hyd ac o hyd bod yna lawer o bobl unig yn ein byd, a'r unigrwydd hwnnw'n codi ofn arnynt. Pobl sy'n gorfod byw heb gwmni rhai oedd yn annwyl yn eu golwg, rhai oedd yn golygu popeth iddynt. Eraill yn gorfod wynebu profiadau anodd a newydd heb neb i wrando arnynt ac i fod yn gwmni iddynt.

Gweddïwn dros y rhai hynny mae'r hen aeaf yma wedi gadael ei ôl arnynt, y rheiny sy'n dlotach ar ei ddiwedd am nad yw rhai oedd yn annwyl iddynt gyda nhw bellach y gwanwyn hwn; y rhai sy'n teimlo rhyw wacter ac unigrwydd mawr yn eu bywydau.

Diolch i'th enw mawr bod yna un mwy o lawer na ni wedi bod yn unig droeon yn ystod ei fywyd. Bu Iesu'n unig yn yr anialwch am ddeugain niwrnod. Roedd yn unig ar ben y mynydd heb neb i gadw cwmni iddo. Cofiwn hefyd i Iesu Grist fod yn sobor o unig ar ddydd Gwener y Groglith, wrth brofi unigrwydd ingol - ar y Groes. 'Fy

Nuw, fy Nuw, pam yr wyt wedi fy ngadael?' Roedd ei eiriau'n dangos yn aml ei fod yn teimlo'n unig:

'Y mae gan y llwynogod ffaeau a chan adar yr awyr
nythod, ond gan Fab y Dyn nid oes lle i roi ei ben i lawr.'

Gan fod Iesu da wedi profi unigrwydd llethol ar sawl achlysur, mae'n medru ei uniaethu ei hun â'n holl unigrwydd ni. Yng nghanol unigrwydd ansicrwydd, unigrwydd afiechyd, unigrwydd henaint neu unrhyw unigrwydd arall a ddaw i'n rhan, diolchwn fod Iesu ei hun gyda ni i'w rannu:

'Pe rhodiwn ar hyd glyn cysgod angau, nid ofnaf niwed,
canys yr wyt ti gyda mi.'

Diolchwn o waelod calon, Arglwydd, am dy addewid i fod gyda ni bob amser, ac ym mhob profiad a ddaw i'n rhan. Yn sicr, y mae'r fath addewid, y fath eiriau, yn gysur i ni pan fyddwn yn teimlo'n unig ac yn ofnus. Felly, Arglwydd, dilea ein hunigrwydd drwy gynnig golwg newydd ar Iesu Grist, a thrwy adael i'w law sanctaidd ef gyffwrdd ein bywydau.

Gofynnwn i ti, O! Arglwydd, ein defnyddio ni i godi calon y digalon ac i fod yn gwmni i'r unig.

Gwrando ar ein gweddi yn enw Iesu Grist, ffrind a Gwaredwr oesoedd di-ri. Amen.

Eifion Jones

Cariad

Darlleniad   **1 Ioan 3, 1-3; 11-18**

Nesawn atat ti, O! Arglwydd ein Duw, yn enw dy Fab, ein Harglwydd Iesu Grist, gwrthrych mawr ein ffydd a Gwaredwr ein heneidiau.

Deuwn atat gan ddiolch i ti am ddangos maint dy gariad tuag atom yn yr Iesu hwn. Mae dy Air yn ein hannog i feddwl, i sylweddoli ac i weld sut gariad yw dy gariad di:

> 'Gwelwch pa fath gariad a roes y Tad arnom fel y'n gelwid yn feibion i Dduw.'

Anfonaist dy unig-anedig Fab i fyw a marw er ein mwyn, ac i ddangos mor fawr yw dy gariad tuag atom ni. Cariad sy'n dangos consýrn a diddordeb ynom ni yw dy gariad di, O! Dduw ein Tad. Cariad diddiwedd yw.

> 'O! gariad heb ddiwedd na dechrau,
> Ar gariad mor rhyfedd rwy'n byw.'

Diolchwn i ti am garu rhai nad ydynt yn haeddu cael eu caru gennyt. Rhyfeddwn dy fod yn caru pobl anffyddlon, anufudd ac annheilwng iawn fel ni sy'n plygu ger dy fron yn awr. Ond fe lwyddaist ti i garu pobl bechadurus:

> 'Af ato ef dan bwys fy mai,
> A maddau'r camwedd ef a fynn:
> Nid yw ei gariad ronyn llai
> Er maddau myrdd o'r beiau hyn.
> A dyna pam rwy'n llawenhau,
> Am fod fy Iesu'n trugarhau.'

Ein caru wnest ti er maint ein gwendidau a'n ffaeleddau i gyd:

'Fe'm carodd i er maint fy mai,
Ni allaf lai na'i garu.'

Yn sicr, ynot ti, O! Dduw ein Tad, y gwelwyd y cariad mwyaf erioed. Rwyt ti'n gwybod mwy amdanom na neb arall, yn gwybod popeth amdanom ni, yn gwybod sut rai ydym ni, ac eto rwyt yn dal i'n caru. Ni allwn lai na synnu a rhyfeddu a bod yn ddiolchgar am y fath gariad. Gofidiwn yn fawr nad ydym, fel pobl, yn ymateb fel y dylem i'th gariad di. Nid ydym yn dy garu â'n holl galon ac â'n holl feddwl:

'O! na fyddai cariad Iesu
Megis fflam angerddol gref,
Yn fy nghalon i'w chynhesu,
Fel y carwn innau ef:'

Gwyddom, O! Arglwydd, mai dy ddymuniad, a'th orchymyn di, yw ar i ni garu ein gilydd. 'Dyma fy ngorchymyn i, ar i chwi garu eich gilydd fel y cerais i chwi.' Rhaid inni gydnabod nad ydym yn llwyddo i wneud hynny bob amser. Yn aml iawn, wrth inni ddod i wybod mwy am ein gilydd, mae'n cariad ni'n mynd yn llai. Ofnwn hefyd mai caru'r bobl sy'n ein caru ni yn unig a wnawn, er dy fod ti am inni garu pawb. Nid ydym yn llwyddo i garu'r bobl sy'n byw drws nesaf. Nid ydym yn llwyddo i garu'r bobl sy'n mynychu'r un eglwys. Gwyddom, O! Dduw ein Tad, bod rhai pobl yn hawdd eu caru ac eraill heb fod mor hawdd.

Diolch i ti am y rhai sy'n ein caru ni er eu bod yn ymwybodol o'n gwendidau. Rwyt ti, O! Arglwydd, am inni garu pawb, ein cyfeillion a'n gelynion, y rhai sy'n bell a'r rhai sy'n agos. Rwyt ti am inni garu pobl fel y maen nhw.

'Gwna'n cariad fel dy gariad di
I gynnwys yr holl fyd.'

Nid ydym yn dy garu di os nad ydym yn caru ein gilydd.

Dyro i ddynion ym mhob gwlad ddod i sylweddoli o'r newydd fod cariad yn rhagori ar gasineb, a daioni yn rhagori ar ddrygioni. Gwrando arnom yn ein gweddi, a derbyn ni yn dy gariad a'th drugaredd gan edrych heibio i'n gwendidau amlwg, yn enw Iesu Grist ein Harglwydd. Amen.

Eifion Jones

Henaint

Darlleniad   **Josua 14, 6-14**
Sechareia 8, 1-8
Luc 2, 25-38

Ein Tad nefol, sy'n Dduw pob cyfnod a chenhedlaeth, addolwn di. Diolchwn dy fod yn oleuni ac yn waredigaeth inni ar hyd ein bywyd, yn Arglwydd arnom o gri ein geni hyd flynyddoedd henaint. Ti sy'n symbylu breuddwydion ein hieuenctid, yn ein cynnal ym mlynyddoedd ein hanterth, ac yn gydymaith a gobaith inni yn nyddiau ein haeddfedrwydd. Yr un wyt ddoe, heddiw ac am byth, ac nid oes terfyn ar dy drugaredd.

Cofiwn ger dy fron heddiw bawb a welodd hir ddyddiau, y rhai sy'n tystiolaethu i ti mewn henaint, a'r rhai y mae arnynt angen dy gynhaliaeth pan fo'u blynyddoedd yn byrhau.

Diolchwn am y rhai a dreuliodd 'o dan iau Crist eu dyddiau oll'. Am eu bod 'yn adnabod yr hwn sydd wedi bod o'r dechreuad', y mae eu tystiolaeth gyson i'r efengyl yn parhau. Llawenhawn wrth werthfawrogi eu cyfraniad, ac wrth iddynt rannu eu profiad ag eraill. Diolchwn am eu cof a'u doethineb, eu cyngor a'u cwmni. Mawrygwn y cyswllt rhwng y cenedlaethau sydd o fewn dy Eglwys, am gadwyn o dystiolaeth, ac am bob traddodiad sy'n fyw ac yn werthfawr.

Diolchwn am rai mewn oedran teg sydd â'u gweledigaeth yn glir a'u ffydd yn loyw, ac am bobl nad yw eu gallu i edrych yn ôl yn pylu eu dawn i edrych ymlaen. Diolchwn am rai sy'n mynd yn hŷn heb heneiddio, y rhai y mae eu meddwl yn ieuanc a'u dychymyg yn effro, y rhai na phallodd eu brwdfrydedd na'u chwilfrydedd. Diolchwn am y rhai sy'n fodlon bellach i ddal yn ôl fel y caiff cenhedlaeth newydd ei chyfle - y rhai sy'n cefnogi to iau, ond sydd hefyd ar gael bob amser i wrando ac i roi cyngor.

Derbyn ein hymbil a'n heiriolaeth dros bobl oedrannus sy'n ymdopi â'r cyfyngu sydd arnynt bellach - yn rhodio lle gynt y rhedent. Cofiwn y rhai sy'n gorfod dysgu bodloni i arafu cam, i wynebu rhwystredigaeth pan fo rhai o'u pum synnwyr yn pylu, neu i ddygymod â llesgedd cynyddol. Dyro dawelwch meddwl a dewrder i'r rhai sy'n ofni henaint, a'th fendith i bawb sy'n ei wynebu â dycnwch a sirioldeb.

Gweddïwn dros y rhai y mae eu cof yn pallu, a'r meddwl ar chwâl. Cofiwn am y rhai sy'n gofalu amdanynt, aelodau o'u teulu, a phawb sy'n gwasanaethu mewn ysbytai, cartrefi preswyl a chartrefi nyrsio. Dyro i'r gofalwyr hyn amynedd a thynerwch, hiwmor a charedigrwydd, parch a chariad. Diolchwn i ti am eu hymroddiad.

Gweddïwn dros y gymdeithas yr ydym yn byw ynddi yn ei darpariaeth ar gyfer yr henoed. Rho ras a dawn i barhau i feithrin ysbryd cymdogol, ac ymwybod gwâr o ofal am bobl. Bendithia fudiadau sy'n hyrwyddo lles yr henoed, yn diogelu eu buddiannau, yn llais i'w hanghenion. Arddel eu hymdrechion trwy'n gwlad ac ym mhob un o'n hardaloedd. Bendithia'r cymdeithasau a'r clybiau henoed lleol sy'n dod â'r bobl hŷn at ei gilydd, yn meithrin cwmnïaeth, yn rhoi cyfle i'w doniau a'u dyfeisgarwch. Pâr i fywyd bro a diwylliant ardaloedd gael eu cyfoethogi trwy gyfraniad eu cenhedlaeth.

Uwchlaw pob dim, bendithia'r henoed yn dy Eglwys. Arddel eu ffyddlondeb a bendithia'u tystiolaeth i'r efengyl. Dwg bob oed a chenhedlaeth yn un gymdeithas gyflawn, fel y bydd cyfoeth y bywyd newydd sydd yn Iesu Grist yn dod i'r amlwg ynddi.

Gwrando arnom er mwyn dy Fab. Amen.

John Rice Rowlands

Plant ac Ieuenctid

Darlleniad   Marc 10, 13-16
Mathew 18, 1-5
Deuteronomium 11, 18-21
1 Samuel 3, 1-10

O! Dduw ein Tad, yr ydym yn cydnabod dy ffyddlondeb di o dragwyddoldeb i dragwyddoldeb. Bendigwn dy enw am dy fod yn drugarog a graslon, ac am fod dy gyfiawnder i bob cenhedlaeth. Diolchwn am dy fod yn bendithio plant, yn rhoddi egni a gobeithion i'r ifainc, ac am dy fod yn gyson yn adnewyddu ieuenctid dy bobl.

Deuwn yn awr i gofio ger dy fron blant a phobl ifainc ein heglwysi a'n hardal,   a holl ieuenctid ein gwlad a'n byd.   Diolchwn i ti am y rhai ifainc yn ein cymdeithas, am glywed eu lleisiau a'u chwerthin, am y bywyd a'r asbri sy'n perthyn iddynt, am eu chwilfrydedd a'u brwdfrydedd, am y llaw sy'n gafael a'r llygaid sy'n rhyfeddu, am bob ffydd ac ymddiriedaeth a geir ynddynt. Wrth ymateb i ofynion plant, dyro i'r rhai sy'n hŷn hiwmor ac amynedd, gostyngeiddrwydd i ddysgu, a gras i wrando a chynghori. Rho i bob un gofio'i blentyndod ei hunan. Dyro hynawsedd wrth ddelio â direidi plant, cadernid i roi iddynt safonau a chanllawiau, a pharodrwydd i'w hyfforddi ar ddechrau eu taith.

Deisyfwn am y ddawn i drafod a pharchu'r rhai sy'n tyfu'n bobl ifainc, yng nghyfnod eu twf a'u datblygiad. Dyro i bawb o'u cwmpas ddealltwriaeth a gallu i gydymdeimlo, unplygrwydd i roi esiampl ddilys, a'r gefnogaeth sy'n rhoi cyfle iddynt ddysgu ymarfer eu rhyddid mewn perthynas iach ag eraill. Gweddïwn dros blant ac ieuenctid trwy'r byd, yn enwedig y rhai sy'n cael cam; y rhai sy'n cael eu cam-drin lle dylent gael gofal; yn blant o ran oed, ond wedi'u hamddifadu o blentyndod; yn ysglyfaeth i gyffuriau, budr-elwa a militariaeth; y rhai sy'n marw o effeithiau tlodi a newyn; y rhai sy'n dioddef lle ceir gorthrwm a rhyfela; y rhai sy'n gwbl amddifad ac yn tyfu'n galed mewn awyrgylch ddidostur; y rhai sy'n brin o addysg; y rhai sydd heb feddyginiaeth i'w hafiechydon.

Cofiwn ieuenctid difreintiedig y byd, a phob un a phob mudiad sydd ar waith i'w helpu a'u gwasanaethu. Deisyfwn dy fendith ar bawb sy'n gofalu am blant: rhieni da sy'n rhoi i'w plant gariad a diogelwch a disgyblaeth; athrawon ymroddedig a llawn dychymyg sy'n eu dysgu; rhai sy'n gweithio gyda phlant mewn angen; rhieni maeth; mudiadau sy'n achub cam llawer plentyn; athrawon Ysgol Sul, ac eglwysi sy'n effro i'w cyfle i gyflwyno Iesu Grist i'r plant. Deisyfwn dy arweiniad i bawb sy'n gweithio gyda ieuenctid - i ysgolion a cholegau, ar iddynt ddeffro meddwl a rhoi cyfle i ddatblygu doniau, ennyn brwdfrydedd, a pharatoi pobl ifainc, nid yn unig ar gyfer gyrfa a galwedigaeth ond hefyd i feddu ar bersonoliaeth gytbwys; i fudiadau ieuenctid, gan gofio'n neilltuol yr holl fudiadau sy'n gwasanaethu pobl ifainc Cymru, yn rhoi cyfle iddynt feddwl a gweithredu, mwynhau bywyd a chyfrannu i'r gymdeithas o'u cwmpas.

Gweddïwn yn neilltuol dros ein heglwysi, am ennyn o'u mewn weithgarwch newydd gyda'r ifainc, am iddynt fod yn barod i roi i'r ifainc eu cyfle, i ddeall eu byd, eu ffordd o feddwl, eu dyheadau a'u pryderon. Gweddïwn am achub ac ennill yr ifainc i'r efengyl, ac am i'r Eglwys gyfan ddarganfod ysbryd y plentyn o'r newydd. Dyro lygad i ganfod holl ryfeddod y bywyd a roddaist. Adnewydda'n ffydd a'n hymddiriedaeth ynot ti, y Tad. Ac fel y tyfo pob cenhedlaeth, pâr iddynt dyfu yng Nghrist, yn ei gariad ac yn ei waith. Er mwyn dy enw, ac er mwyn dy ogoniant. Amen.

John Rice Rowlands

Y Teulu

Darlleniad   **Effesiaid 3, 14-21**
            Luc 2, 41-52

Dduw tragwyddol, rhoddwr ein bywyd ni, addolwn di. Ti yw lluniwr a chynhaliwr popeth sy'n bod, a thydi sy'n rhoi ystyr a phwrpas i'n byw. Ohonot ti y mae pob cymdeithas a chariad sy'n sylfaen i'n bywyd yn tarddu. Tydi ydyw'r Tad y mae pob teulu yn y nefoedd ac ar y ddaear yn cymryd ei enw oddi wrtho. Ynot ti y mae dy bobl yn profi tynerwch a gofal cyffelyb i gysur mam i'w phlentyn.

Yn dy Fab, Iesu, a wybu'n llawn beth oedd bywyd teulu ar aelwyd yn Nasareth, y mae i ninnau Frawd sy'n cyfrif pawb a gred ynddo'n frodyr a chwiorydd. Ac yng Nghrist, achubwr a gobaith y ddynoliaeth, y gwneir ni'n un, yn gyd-ddinasyddion â'r saint, ac yn deulu Duw. Diolchwn i ti am y drefn sydd wedi'n gosod i fyw gyda'n gilydd; am gwmni ar daith bywyd; am ein geni i deuluoedd, ac am y rhai a ddaeth â ni i'r byd; am rieni a pherthnasau i'n magu a'n meithrin; am gyfraniad pob plentyn ar aelwyd; am fywyd cartref, ac am ddysgu cyd-fyw; am brofi cariad a gofal, ac am ddisgyblaeth rasol; am gyfranogi yn llawenydd teulu, a rhannu cyfrifoldeb o'i fewn; am bob ymwybod o dderbyn a rhoddi, cymryd a chyfrannu.

Mewn edifeirwch, ceisiwn dy faddeuant i'r gymdeithas yr ydym yn rhan ohoni, am bob dim sy'n dibrisio a bychanu bywyd teulu, yn chwalu bywyd aelwyd, yn oeri cariad at rywun arall, yn llacio'n gofal a'n cyfrifoldeb tuag at ein gilydd, yn peri nad yw plant yn anrhydeddu eu rhieni, ac yn peri i rieni fod yn ddifater ynghylch eu plant. Maddau lle mae gorthrwm o fewn teulu, lle mae'r naill aelod yn defnyddio'r llall i'w ddiben ei hun, lle nad oes i bob aelod o'r teulu gyfle i dyfu a datblygu a chyfrannu i eraill mewn rhyddid a chariad. Maddau lle mae teulu'n byw iddo'i hun, yn cau eraill allan, yn crafangu popeth yn hunanol, yn hytrach na bod ei ddrysau'n agored; yn troi'r berthynas deuluol yn eilun, pan fwriadwyd iddi fod yn fendith.

Bendithia deuluoedd sy'n ymwybodol o orwelion llydan, pob teulu clòs, cynnes sy'n arddel y sawl sy'n berthynas o bell ac yn ysgwyddo'u cyfrifoldeb tuag at estron. Bendithia bob ymwybod o gyfrifoldeb at genedl, sy'n deulu o ddeuluoedd, a bendithia'r awydd i feithrin ei diwylliant a'i hetifeddiaeth, ac i greu cymdeithas iach rhwng ei phobl. Bendithia ni â chariad at y ddynoliaeth gyfan, a dyro inni ei gweld yn deulu o genhedloedd. Maddau pob ymraniad ar sail hil a lliw, iaith a dosbarth, sy'n cau allan yn hytrach na chynnwys pawb. Dysg ni i weld y cyfoeth a roddwyd i'r teulu dynol trwy amrywiaeth pobloedd, a thrwy gyfraniad pob un ohonynt.

Uwchlaw popeth, diolchwn i ti am gymdeithas Eglwys Iesu Grist, ac am ein bod ynddi yn profi beth yw bod yn 'ddynoliaeth newydd', yn 'deulu Duw'. Diolchwn am berthynas â'n gilydd ynddi, am gariad ac undod ac ymwybod o gyfoeth tystiolaeth pawb, am gael ynddi ernes o fywyd dy deyrnas dragwyddol, a blaenbrawf o'th fwriad ar gyfer y ddynoliaeth yn dy Fab. Gweddïwn am ddyfod holl deulu dyn yn deulu Duw trwy'r Ysbryd Glân. Gwrando ni yn ein deisyfiadau a'n mawrhad yn enw Iesu Grist ein Harglwydd. Amen.

John Rice Rowlands

Amynedd

Darlleniad   **Iago 5, 7-11**
II Pedr 4, 8-13

O! Dduw, deuwn atat gan ryfeddu at gyfoeth dy diriondeb a'th ymatal a'th amynedd. Diolchwn ninnau am:

> 'Ryfedd amynedd Duw
> Ddisgwyliodd wrthym cyd.'

Ein cyffes bob un ydyw:

> 'Araf iawn wyf i i ddysgu,
> Amyneddgar iawn wyt ti.'

Am dy fod mor amyneddgar, y mae gobaith i ninnau. Pâr inni gofio dy hirymaros di, a phwyso ar dy ddaioni tuag atom, a'th awydd i ddwyn pawb i edifeirwch. Gofynnwn am ras i fyfyrio ar dy amynedd, i ymgadw rhag dy demtio, ac i beidio ag oedi cyn ymateb i ti. Gwna ni'n ystyriol o'r cariad tuag atom sydd wrth wraidd dy amynedd. Cadw ni rhag rhyfygu i gymryd mantais arno, a rhag tristáu dy Ysbryd Glân.

Diolchwn hefyd am amynedd pobl: amynedd rhieni gyda'u plant; dyfalbarhad athrawon da gyda'u disgyblion; ffyddlondeb cyfeillion sy'n glynu mewn amgylchiadau sy'n rhoi prawf ar gyfeillgarwch; goddefgarwch rhai sy'n hŷn at ormod brys rhai sy'n ifanc; sirioldeb rhai sy'n ifanc wrth genhedlaeth hŷn sy'n amharod i newid; hynawsedd ambell un sy'n brofiadol at fyrbwylltra ambell un sy'n anwybodus; tiriondeb pobl rasol at rai sy'n anodd eu trin a'u trafod. Diolchwn yn arbennig am amynedd rhywrai tuag atom ninnau, yn wyneb ein harafwch a'n diffygion.

Deuwn yn awr i ofyn am ras i gofio'r anogaeth i'th bobl 'fod yn amyneddgar wrth bawb', ac i oddef ein gilydd mewn cariad. Dyro inni amynedd yn ein bywydau personol, i osgoi gwylltio'n ffôl am bethau dibwys, i dderbyn siomedigaethau heb chwerwi, i ddal ati pan fydd pethau'n gwrthod dod ar unwaith, i dderbyn y pethau na fedrwn eu newid, i ymostwng heb anobeithio, i ddysgu pwyll heb fod yn segur nac esgeulus, i drechu digalondid, ac i brofi dy rymuster di. Dyro inni amynedd at bobl eraill, rhag inni fod yn fyrbwyll tuag at rywun arall mewn ffordd na fynnem i neb ei dangos tuag atom ni, rhag inni gamfarnu neb, mewn anwybodaeth neu heb gydymdeimlad.

Helpa ni i feithrin ysbryd trugarog, i ddysgu rhoi'n hunain yn lle rhywun arall, i geisio deall cymhellion a gwendidau pobl. Dyro inni'r ddawn 'i obeithio i'r eithaf', ac i fod yn garedig i'r gwan a'r diamddiffyn, y rhai syml a phobl ddi-weld. Yn ein holl ymwneud ag eraill, dyro inni'r cariad i ddal ati, a chaniatâ inni'r llawenydd o weld amynedd yn dwyn ffrwyth.

Yn bennaf, dyro inni amynedd yng ngwaith dy deyrnas di. Pâr inni gredu yn dy lywodraeth di a'th bwrpas. Pâr inni fod yn fodlon yn dy waith, a boed inni ymhyfrydu yn dy wasanaeth ac amlygu dy gariad a'th ofal tuag at eraill. Pâr inni ymroi i hau had y gwirionedd, ac i fod yn effro bob amser i achub ein cyfle yn dy enw. Pan fo'n amser hau, dyro argyhoeddiad y daw cynhaeaf. Pan fo'n gweithwyr trosot yn brin, pâr i'n llafur ninnau fod yn helaeth. Dyro inni'r ddawn i ddyfalbarhau, ac i barhau hyd y diwedd. Dyro inni'r nerth mewnol sy'n drech nag amgylchiadau croes. 'Rho inni'r ffydd ddi-ildio a llwyr orchfyga'r byd.' Gofynnwn hyn er mwyn Iesu, awdur a pherffeithydd ein ffydd. Amen.

John Rice Rowlands

Bendithion

Darlleniad   **Salm 34, 1-8**
                      Salm 145

O! Dduw, ffynnon bywyd a gwreiddyn pob daioni, deuwn i mewn i'th byrth â diolch, ac i'th gynteddau â mawl. Diolchwn am yr awr dawel hon yn dy dŷ, pan gawn gyfle i edrych ar ein bywyd a chyfrif ein bendithion. Rho gymorth inni sylwi ar bethau a gymerwn mor ganiataol yn ein bywyd prysur, a myfyrio ar eu hystyr. Pan wnawn ni hynny, fe fydd ein tafod a'n calon yn dweud:

> 'Fy enaid, bendithia'r Arglwydd, a phaid ag anghofio'i holl ddoniau.'

Bendithiwn di am dy holl roddion inni - am fywyd sy'n wyrth ac yn rhyfeddod, yn gyfle ac yn gyfrifoldeb; am bob dim sy'n cynnal ein bywyd ac yn rhoi inni o ddydd i ddydd ein bara beunyddiol; am drefn natur ac adnoddau tir a môr; am lafur pobl a'u cydweithrediad, sydd trwy dy fendith di yn dwyn ffyniant a thangnefedd i fywyd cymdeithas. Bendithiwn di am iti'n creu i fyw gyda'n gilydd, am gwmni ar daith bywyd, am fywyd teulu ac aelwydydd dedwydd, am bawb a fu'n gofalu amdanom trwy'n hoes, ac am bawb y cawsom ninnau ofalu amdanynt, am gyfeillion a chydnabod a ddaeth â llawenydd a chyfoeth i'n bywyd, am bawb a fu'n ddylanwad arnom, yn agor ein llygaid, ac yn cyfeirio'n llwybrau. Bendithiwn di am bopeth a roddodd inni flas ar fyw - harddwch a rhyfeddod y cread o'n cwmpas, campweithiau meddwl a dychymyg dyn, pob crefft a chelfyddyd, llyfrau a llenyddiaeth, cerddoriaeth ac arlunio, doniau a roed i'r ddynoliaeth i ddarganfod ac i ddyfeisio, a phob mynegiant o'r ysbryd creadigol.

Yn bennaf, bendithiwn di am dy Fab Iesu Grist, am y newydd da a ddaeth i'r byd ynddo ef, ac am fod inni faddeuant a gobaith a bywyd newydd trwyddo ef. Bendithiwn di am iddo ddod i ganol bywyd ein byd, yn un ohonom, i rannu'n profiad ac i wynebu'r un amgylchiadau â ninnau. Bendithiwn di am iddo ddwyn i ni 'fywyd yn ei holl gyflawnder' yn ei gariad at ei bobl, yn y modd yr aeth oddi amgylch gan wneuthur daioni, yn ei aberth trosom ar y Groes, a thrwy ei gyfodi i roi inni obaith na all dim ei ddwyn oddi arnom.

Bendithiwn di am iddo ef yn ei fywyd, ei Groes, a'i atgyfodiad drechu'r pethau sy'n ein trechu ni a'n gwahanu oddi wrthynt, gan roi i ninnau fuddugoliaeth dros ddrygioni ac angau. Bendithiwn di fod inni yn Iesu Grist fywyd newydd ei ansawdd, sy'n parhau hyd byth.

Diolchwn i ti, ein Tad, am fod y bywyd newydd hwnnw eisoes ar waith yn ein bywyd ninnau; am fod inni yng Nghrist oleuni ar y ffordd i fywyd, ac yntau'n rhoi arweiniad a chyfarwyddyd ac esiampl; am fod yr efengyl yn dwyn maddeuant, sy'n ein codi pan syrthiwn, yn ein hadfer pan fethwn, yn dod â ni'n ôl atat ti pan grwydrwn, ac yn rhoi ail gyfle rhag i ni anobeithio, am dy fod trwy'r Ysbryd Glân yn ein sicrhau ni o'th gariad a'th ofal amdanom, yn gynhaliaeth mewn cyfnodau anodd, yn gysur a chalondid pan ddigalonnwn, ac yn ein symbylu i ddyfalbarhau o wybod dy fod di'n cydweithio er daioni â'r rhai sy'n dy garu. Am dy holl fendithion, bendithion ein creu a'n cadw, ein cynnal a'n hachub, rhoddwn i ti, O! Dduw, glod a gogoniant a diolch. Yn enw Iesu Grist. Amen.

John   Rice Rowlands

Y Greadigaeth

Darlleniad   Salm 8

O! Dduw, creawdwr a chynhaliwr pob peth byw, trown atat yn awr i fyfyrio o'r newydd ar waith dy fysedd.

Diolchwn am y gallu i ryfeddu at brydferthwch a gogoniant y cread; ac i ryfeddu dy fod ti, O! Dduw, wedi ein creu ni, a'n creu ychydig is na'r angylion, a'n creu i fyw er gogoniant i'th enw.

Ategwn eiriau'r salmydd pan ddywed, 'Y mae dy weithredoedd yn rhyfeddol', a 'Mawr yw gweithredoedd yr Arglwydd, fe'u harchwilir gan bawb sy'n ymhyfrydu ynddynt'.

Wrth inni edrych drwy'r telesgop ar y sêr dirifedi yn y nen, ni allwn lai na rhyfeddu at fawredd ac ehangder dy waith. Ac wrth inni fyfyrio ar fanylder a bychander dy waith yn yr atom, ni allwn lai na rhyfeddu at dy ddoethineb ac ymhyfrydu ynddo:

> 'Fy Nuw, uwchlaw fy neall
> Yw gwaith dy ddwylo i gyd;
> Rhyfeddod annherfynol
> Sydd ynddynt oll ynghyd;'

Gwelwn fod yna drefn berffaith a doethineb perffaith yn holl waith dy fysedd; ac 'Y mae dy holl waith yn foli . . . '

Ymunwn ninnau i'th foli a'th ogoneddu y dydd hwn am dy waith yn llunio'r greadigaeth. Dymunwn fynegi fel y salmydd:

'O Arglwydd, ein Iôr, mor ardderchog yw dy enw ar yr holl ddaear! Gosodaist dy ogoniant uwch y nefoedd . . . Pan edrychaf ar y nefoedd, gwaith dy fysedd, y lloer a'r sêr, a roddaist yn eu lle, beth yw dyn, iti ei gofio, a'r teulu dynol, iti ofalu amdano?'

Diolchwn i ti, O! Dad, am dy ofal tyner drosom. Diolchwn dy fod ti yn darparu at raid dynol-ryw yn ddi-ffael:

'Tra pery'r ddaear,
ni pheidia pryd hau a medi, oerni a gwres,
haf a gaeaf, dydd a nos.'

Er ein ffaeleddau a'n gwendidau, diolchwn nad wyt ti, drugarocaf Dad, yn ymwrthod â'th gadwraeth a'th gynhaliaeth ohonom.

Fel dy greaduriaid, sylweddolwn ein dibyniaeth lwyr arnat ti, am ein bwyd a'n cynhaliaeth. Yn wir, ynot ti yr ydym yn byw, yn symud ac yn bod. Er dy fod yn llawer mwy na'th greadigaeth, ac uwchben dy greadigaeth, eto yr wyt yng nghanol dy greadigaeth, yn llenwi'r nefoedd a'r ddaear, yn cynnal ac yn cadw holl waith dy fysedd, ac yn peri nad oes un aderyn yn syrthio heb i ti, O! Dad, wybod. Felly, dywedwn gyda'r emynydd:

'Er dy fod yn uchder nefoedd,
Uwch cyrhaeddiad meddwl dyn,
Eto dy greaduriaid lleiaf
Sy'n dy olwg bob yr un;'

Ond wrth ddiolch am dy ofal trosom, a thros dy greaduriaid lleiaf, boed inni weld y cyfrifoldeb sydd wedi ei osod arnom fel stiwardiaid dy greadigaeth. Oblegid rhoist inni 'awdurdod ar waith dy ddwylo'. Gresynwn nad ydym wedi defnyddio'r awdurdod hwn yn y modd gorau bob amser. Yn wir, yr ydym wedi camddefnyddio a difetha dy greadigaeth. Yr ydym wedi bod yn wastrafflyd a thrachwantus yn ein defnydd o adnoddau'r ddaear.

Gofynnwn am dy faddeuant am fethu yn y gorffennol, a nerth i gywiro ein ffyrdd i'r dyfodol. Boed i ni, yn unol â'th ewyllys, barchu a thrysori dy greadigaeth ym mhob ffordd bosib. Gofynnwn i ti ail-greu dy ddelw ynom fel y byddwn yn dy ogoneddu di fel stiwardiaid gwaith dy ddwylo.

I ti y bo'r gogoniant am ein creu, a'n hail greu yng Nghrist - yr hwn yw cyntaf-anedig yr holl greadigaeth. Amen.

Dewi Roberts

Gwirionedd

Darlleniad   Salm 119, 1-24

'Anfon dy oleuni a'th wirionedd, bydded iddynt ein dwyn i'th fynydd sanctaidd ac i'th drigfan. Yna down at allor Duw, at Dduw ein llawenydd.'

O! Arglwydd ein Duw, yr hwn wyt gyfiawn a sanctaidd, ac a geisi gariad a gwirionedd oddi mewn, llanw ninnau â'r pethau hyn, gan ein nerthu i ymwrthod â phob cymhelliad hunanol. Symud ymaith o'n bywyd, ac o fywyd ein gwlad, bob anonestrwydd a thwyll. Cadw'r cyfoethog a'r breintiedig rhag anwybyddu anghenion y gwan a'r tlawd. Bydd di, O! Arglwydd, yn swcwr i bob person diamddiffyn. Bydded i egwyddorion dy deyrnas fod yn rhan o holl weithrediadau ein llywodraeth, a holl arferion y farchnad ariannol. Dymunwn weld dy wirionedd di yn ymledu i bob cylch o'n bywyd fel gwlad. Cwyd yn ein gwlad genhedlaeth a gais oleuni a gwirionedd, ac a fydd yn ffyddlon iddynt. Dyro inni'r gwyleidd-dra i eistedd wrth draed yr Athro mawr, fel y dysgwn ganddo, ac y rhodiwn yn ei lwybrau. Arwain ni ar hyd llwybrau cyfiawnder a dysg i ni dy wirionedd, oherwydd ti yw Duw ein hiachawdwriaeth.

Dyro inni galon uniawn i ymhyfrydu yn dy ddeddfau, a phâr inni fedru dweud gyda'r salmydd: 'Ymhyfrydaf yn dy orchmynion am fy mod yn eu caru.' Wrth inni weld dy ddeddfau di'n cael eu hamharchu, dyro inni sensitifrwydd ysbrydol i ymateb megis y salmydd: 'Y mae fy llygaid yn ffrydio dagrau am nad yw dynion yn cadw dy gyfraith'.

Cydsyniwn â'r salmydd wrth iddo fawrhau gwerth dy ddeddfau i'n henaid: 'Y mae dy gyfraith yn berffaith, yn adfywio'r enaid; y mae dy dystiolaeth yn sicr, yn gwneud y syml yn ddoeth; y mae dy ddeddfau yn gywir, yn llawenhau'r galon; y mae dy orchmynion yn bur, yn goleuo'r llygaid; y mae dy ofn yn lân, yn para am byth; y mae dy farnau yn wir, yn gyfiawn bob un. Mwy dymunol ydynt nag aur,

75

na llawer o aur coeth, a melysach na mêl, ac na diferion diliau mêl.'

'ti, O! Nefol Athro,
Dysg i mi dy ffyrdd;
Arwain i'r wybodaeth
A oleua fyrdd;
Sanctaidd yw dy Ddeddfau,
Cyfiawn, gwir, a doeth,
Ac sydd werthfawrocach
Im nag yw aur coeth.'

Gad inni brofi o'r newydd flas a gorfoledd y bywyd uniawn. Tywallt dy oleuni a'th wirionedd i'n calon fel y rhodiwn dy lwybrau di holl ddyddiau ein bywyd, ac y cawn ein dwyn yn ddiogel i'th drigfan sanctaidd.

'Mi wyraf weithiau ar y dde,
Ac ar yr aswy law;
Am hynny, arwain, gam a cham,
Fi i'r Baradwys draw.'

Arwain ni felly, ein harweinydd a'n bugail, ar hyd llwybrau cyfiawnder a gwirionedd. Er mwyn dy enw. Amen.

Dewi Roberts

Addoli

Darlleniad   **Salm 147, 1-13**
                           Ioan 4, 19-24

'Mawl sy'n ddyledus i ti, O! Dduw, yn Seion.'

'Dyfod y mae yr awr ac yn awr y mae hi, pan addolo'r gwir addolwyr y Tad mewn ysbryd a gwirionedd.'

O! Arglwydd ein Iôr, ni a ddymunwn roddi i ti yr anrhydedd a'r mawl sy'n ddyledus i'th enw sanctaidd.

O! Arglwydd ein Iôr, ni a ddymunwn roddi i ti addoliad ysbrydol ein calon, ac addoliad rhesymol ein meddwl. Oherwydd y gwir addolwyr yw'r rhai sy'n addoli'r Tad mewn ysbryd a gwirionedd. Dyna'r addolwyr yr wyt ti, O! Dad, yn eu ceisio.

Ond er ein hawydd i'th addoli di mewn modd sy'n deilwng o'th enw sanctaidd, gresynwn ein bod, oherwydd llesgedd ysbrydol, yn syrthio'n fyr yn fynych o'r nod aruchel hwn. Nid ydym yn rhoddi i ti yr addoliad a'r mawl yr wyt ti'n ei ddymuno ac yn ei haeddu ei gael gennym. Rhoddaist i ni fywyd, a gras ar ôl gras yng Nghrist Iesu ein Harglwydd, ac eto syrthiwn yn fyr o'th ogoniant yn ein haddoliad.

Maddau i ni, O! Dduw, am bob gwendid ynom sy'n peri bod ein haddoliad yn annheilwng ohonot ti. Ond erfyniwn ar i ti ein derbyn ni, a derbyn ein haddoliad amherffaith yn haeddiant ein Harglwydd a'n Gwaredwr Iesu Grist. Ac erfyniwn ar i ti hyrwyddo a bywhau ein hymdrechion i'th addoli drwy ddylanwad dy Lân Ysbryd yn ein calon.

A thrwy'r orig hon o addoliad deisyfwn ar iti ein bywiocáu yn ein hysbryd fel y byddwn yn dy wasanaethu di'n ffyddlonach yn ein bywyd beunyddiol, ac yn derbyn sêl newydd i anrhydeddu dy enw ar y ddaear. Yn wir, dymunwn i ti ein tanio ni o'r newydd â thân dy

Lân Ysbryd. Boed inni brofi dy sêl di yn llosgi yn ein calon - sêl megis ein Harglwydd Iesu Grist yn glanhau y deml, yn pregethu'r newyddion da i'r tyrfaoedd, yn iacháu'r cleifion, ac yn rhoddi ei einioes yn bridwerth dros lawer.

Drwy ddylanwad dy Lân Ysbryd yn ein calon, dyro inni sêl i ogoneddu dy enw ym mhob peth a ddywedwn ac a gyflawnwn yn ein bywyd. Credwn mai prif ddiben ein bywyd yw gogoneddu dy enw a'th fwynhau byth ac yn dragywydd, a sylweddolwn mai drwy ddylanwad dy Lân Ysbryd yn unig y llwyddwn i gyflawni'r diben aruchel hwn.

Gorchmynnaist dy bobl i'th addoli di ac i'th garu di â'u holl galon, ac â'u holl feddwl, ac â'u holl nerth. Boed i nerth dy Lân Ysbryd ynom ein galluogi i ufuddhau i'r gorchymyn hwn yn dy gysegr yr awr hon.

Credwn fod addoliad ysbrydol dy bobl yn boddhau dy galon, O! Dduw a dymunwn dy foddhau ym mhob ffordd drwy ein haddoliad. Dymunwn fawrygu dy enw sanctaidd. Dymunwn ddiolch i ti am ein bendithio ni yng Nghrist â phob bendith ysbrydol. Mawr a gogoneddus yw dy enw. Mawr a gogoneddus yw dy holl weithredoedd. Mawrygwn dy enw am yr hyn a gyflawnaist trwy fywyd, aberth, ac atgyfodiad yr Arglwydd Iesu. Trwyddo ef y gwelwn beth yw lled, hyd, uchder a dyfnder dy gariad di.

Boed inni brofi dy gariad o'r newydd yn ein calon heddiw. Yn wir, boed i'th gariad orlifo ynom fel y bydd inni gael ein hysbrydoli i rannu dy gariad yn ein cartrefleoedd ac yn ein cymdogaeth.

Pâr inni ganfod dy fod ti'n ein bendithio ni yn awr yng Nghrist Iesu, a thrwy dy Lân Ysbryd arwain ni ymhellach yn ein haddoliad, a sancteiddia fyfyrdodau ein calon, er gogoniant i'th enw. Amen.

Dewi Roberts

Y Rhai sy'n Gofalu

Darlleniad   **Philipiaid 4, 10-20**

O! Dduw, ein Gwaredwr, tydi, yr hwn a ddaeth o'r nefoedd i'n daear ni i dy uniaethu dy hun â ni, tydi, yr hwn a lafuriodd fel saer, a iachaodd y cleifion, a fu'n athro i'r di-ddysg, tydi, yr hwn a brofodd dlodi a newyn a syched a blinder marwol, gwrando yn awr ein deisyfiadau.

Gwrando ein gweddi dros bawb sydd, trwy ofalu am eraill, yn dilyn ôl dy droed, ac yn efelychu'r ysbryd o wasanaeth ac ymroddiad a ddangosaist yng Nghapernaum flynyddoedd maith yn ôl.

Gweddïwn dros feddygon sy'n trin corff a meddwl, a llawfeddygon sydd, â'u medrusrwydd, yn gwella clwy ac yn lliniaru poen.

Gweddïwn dros bawb sy'n gweini ar gleifion, ac yn gofalu am yr hen, y methedig, a'r amddifad.

Gweddïwn dros fydwragedd yn ein hysbytai wrth iddynt gynorthwyo mamau yn awr eu llafur i ddod â bywyd newydd i olau dydd, ac am eu gofal cyson am y teulu.

Gweddïwn dros y rhai sy'n gyfrifol am 'gymorth cyntaf' - gwŷr a gwragedd yr ambiwlans, y frigâd dân, a'r bad achub. Diolchwn am eu dewrder a'u diysgogrwydd cysurlon mewn argyfwng a pherygl.

Gweddïwn dros riaint yn eu gofal cariadlon o'u plant.

Gweddïwn dros athrawon ysgolion a cholegau yn eu gwaith o hyfforddi ein plant a'n pobl ifainc.

Gweddïwn dros y rhai sy'n gofalu am ein hanghenion ysbrydol, yn offeiriaid a gweinidogion.

Gweddïwn dros y rhai sy'n gweithio dramor, megis cenhadon sy'n rhannu'r newyddion da mewn gair a gweithred.

Gweddïwn dros weithwyr cymdeithasol a phawb sydd ynghlwm wrth waith gwirfoddol.

Gweddïwn dros bob gwaith ymchwil gan wyddonwyr fydd yn cynyddu ein gallu i drin afiechydon o bob math, ac yn gwella ein safon byw mewn amryfal ffyrdd ymhell i'r dyfodol.

Gweddïwn dros fudiadau dyngarol; mudiadau megis Cymorth Cristnogol, Oxfam, Cafod, Y Samariaid, a llu o rai eraill.

Gweddïwn dros y rhai di-sôn-amdanynt; y rhai sydd bob amser yn barod iawn eu cymwynas, a heb ddisgwyl cymwynas yn ôl. Pobl y gallwn ddweud amdanynt eu bod yn halen y ddaear!

Gweddïwn dros y rhai sy'n gyfrifol am gyfraith a threfn - yr heddlu, cyfreithwyr, barnwyr, a'r rhai sy'n gofalu am garchardai.

A gweddïwn dros y rhai sy'n ein hamddiffyn ar dir, môr ac yn yr awyr.

O! Arglwydd, ein Tad Nefol, yr hwn yn ôl dy ragluniaeth sy'n pennu ac yn trefnu ein gwahanol ddyletswyddau, caniatâ i bawb ohonom ysbryd i ymdrechu â chalon lawen i gyflawni ein gwaith yn ein gwahanol gylchoedd fel rhai'n gwasanaethu un Meistr ac yn chwilio am un wobr. Dysg inni wneud y defnydd gorau o ba dalentau bynnag a roddaist inni, a galluoga ni i brynu'r amser gyda mawr amynedd a sêl, trwy Iesu Grist ein Harglwydd. Amen.

Dewi Roberts

Sancteiddrwydd

Darlleniad   **II Pedr 1, 1-11**

Clodforwn dy enw, O! Arglwydd dyrchafedig, ti yr hwn a fawrygir gan y seraffiaid:

> 'Sanct, Sanct, Sanct ydwyt Arglwydd y Lluoedd; y mae'r holl ddaear yn llawn o'th ogoniant.'

Unwn ninnau gyda'r seraffiaid mewn moliant am dy sancteiddrwydd:

> 'Sanctaidd, sanctaidd, sanctaidd, Dduw Hollalluog!
> Datgan nef a daear eu mawl i'th enw di:
> Sanctaidd, sanctaidd, sanctaidd, cadarn a thrugarog!
> Trindod fendigaid yw ein Harglwydd ni!'

O! Arglwydd sanctaidd, yr hwn sy'n trigo mewn goleuni anhygyrch, trig gyda ni yn awr, a thywallt dy fendith arnom yn ystod yr orig hon er dy glod. Darostwng bopeth ynom sy'n groes i'th ewyllys sanctaidd di. Cynorthwya ni i ymdrechu i wybod dy ewyllys, a thrwy hynny wybod sut i'th fodloni. Goleua ein llwybr â llewyrch dy Lân Ysbryd, fel y dilynom yn ôl camau dy Fab, yr hwn a'th lwyr fodlonodd. Cadw ni rhag cwympo i'r temtasiynau y ceisiwn eu gochel yn ein gweddïau. Na chaniatâ i'n temtasiynau fod yn fwy na'n gallu i'w gwrthsefyll.

Sancteiddia ein hysbryd yn gyfan gwbl er dy glod. Sancteiddia ein serch, ein hewyllys, ein dymuniadau, a'n myfyrdodau. Yn wir, bydded i ti sancteiddio a bywiocau ein holl gyneddfau. A dywedwn gyda'r Pêr-ganiedydd:

> 'O! Cymer fy serchiadau'n glau,
> Fy Iesu, bob yr un;
> A gwna hwy yn eisteddfa bur,
> Sancteiddiaf it dy Hun.'

'Gwna i bob meddwl, a phob chwant,
Dynnu i fyny fry,'

Clodforwn dy enw o'r newydd am efengyl ein Harglwydd a'n
Gwaredwr Iesu Grist; yr efengyl sy'n trawsffurfio ac yn adnewyddu
ein meddwl, a'n galluogi i ganfod yr hyn sy'n dda a derbyniol a
pherffaith yn dy olwg. Bendigwn dy enw sanctaidd am i ti yn dy
drugaredd ein geni ni i fywyd newydd yng Nghrist, ac am i ti drwy ei
allu dwyfol ef roi i ni bob peth sy'n angenrheidiol ar gyfer gwir grefydd.
Mawrygwn y gras sy'n ein galluogi i farweiddio'n chwantau
twyllodrus, ac i wisgo amdanom y natur ddynol newydd sydd wedi
ei chreu ar ddelw Duw mewn cyfiawnder a sancteiddrwydd. A thrwy
nerth dy ras ynom rhedwn ras y ffydd yn gywir, yn gadarn, ac yn
selog gan ddefnyddio'n holl egnïoedd a'n doniau er dy glod.

'O! Sancteiddia f'enaid, Arglwydd,
Ym mhob nwyd, ac ym mhob dawn;
Rho egwyddor bur y nefoedd
Yn fy ysbryd llesg yn llawn;
N'ad im grwydro,
Draw nac yma fyth o'm lle.'

Na fydded i ni chwaith aros yn ein hunfan yn ein gyrfa ysbrydol
ond cryfhau yn gyson y grasusau yr wyt ti dy hun wedi eu plannu yn
ein calonnau. Trwy gymorth dy Ysbryd ynom boed inni geisio ein
gorau glas i rymuso ein ffydd â rhinwedd, a rhinwedd â gwybodaeth,
a gwybodaeth â hunanddisgyblaeth, a hunanddisgyblaeth â
dyfalbarhad, a dyfalbarhad â duwioldeb, a duwioldeb â brawdgarwch,
a brawdgarwch â chariad. Sylweddolwn mai nerth dy Ysbryd
Sanctaidd ynom a'n galluoga ni i fod yn helaeth yn y grasusau hyn,
a'n gwneud yn y diwedd yn gymwys i'r nefol wlad i fyw, trwy Iesu
Grist ein Harglwydd, yr hwn a wnaed i ni yn gyfiawnder, a
sancteiddhad a phrynedigaeth. Iddo ef y byddo'r gogoniant yn oes
oesoedd. Amen.

Dewi Roberts

Gair Duw

Darlleniad 1 Ioan 2, 3-17

Ein Tad, ymgrymwn ger dy fron yn awr i gydnabod yn ddiolchgar bod dy Air yn 'llusern i'm troed, ac yn oleuni i'm llwybr'. Mawrygwn a chanmolwn dy enw mai trwy dy Air y creaist ac y cynhaliaist y byd a'r bydysawd. Gair ydyw sy'n creu ac yn cynnal, a chreaist ninnau o'r newydd drwy dy Air yn ein Harglwydd Iesu Grist. Diolchwn i ti am y Gair a ddaeth yn gnawd 'a phreswyliodd yn ein plith, yn llawn gras a gwirionedd'. Galluoga ni, drwy weinidogaeth dy Lân Ysbryd, i ddarganfod y Crist hwn yn dy Air a gweld o'r newydd ogoniant ei berson fel unig Fab a ddaeth oddi wrth y Tad ac a hysbysodd i ni ddirgelion dy deyrnas a'r bywyd tragwyddol. Cofiwn am eiriau Moses ganrifoedd yn ôl cyn dyfodiad Iesu i'n daear: 'Nid gair dibwys yw hwn i chwi, ond dyma eich bywyd; trwy'r gair hwn yr estynnwch eich dyddiau ...'

Diolchwn i ti am ein Harglwydd Iesu Grist, y Bywyd, ac am iddo ddatguddio i ni sut un wyt ti; am iddo oleuo ein llwybrau fel y medrwn gerdded yn dy oleuni di. Galluoga ni i wneud hynny, O! Dad nefol, fel y gwelwn bod angen dy oleuni arnom. Yng nghanol tywyllwch ac anobaith ein byd, boed inni ddarganfod y goleuni hwn sydd yn dy Air, fel y dilynwn ac y cyfoethogwn ein bywydau.

Cynorthwya ni, felly, i geisio arweiniad dy Air, fel bod y Gair yn troi'n wirionedd ac yn fywyd i ni:

> 'Mae dy air yn abl i'm harwain
> Trwy'r anialwch mawr ymlaen ...'

Gweddïwn am i ninnau, yng nghanol anialwch a phrofiadau bywyd, fedru pwyso ar dy Air a phrofi o'r newydd ei rym a'i gynhaliaeth. Ni fedrwn ddibynnu ar air neb arall ond dy Air di, a chofiwn i Iesu ein hatgoffa mai dy Air yw'r gwirionedd. Cofiwn hefyd eiriau Eseia:

'Fel y mae'r glaw a'r eira yn disgyn o'r nefoedd, a heb ddychwelyd yno yn dyfrhau'r ddaear, a gwneud iddi darddu a ffrwythloni, a rhoi had i'w hau a bara i'w fwyta, felly y mae fy ngair sy'n dod o'm genau; ni ddychwel ataf yn ofer, ond fe wna'r hyn a ddymunaf, a llwyddo â'm neges ...'

Dymunwn brofi o'r newydd y Gair hwn yn fyw a pherthnasol i ni yn ein bywydau, er y gwyddom mor annheilwng ydym o gael rhodio dan ei gyfarwyddyd a'i arweiniad. Maddau i ni, Arglwydd, am y diffyg sêl ac ymroddiad sydd ynom i'th Air, ac am inni gefnu ar ei wirionedd. Buom oll yn grwydredig a ffôl. Dilynasom ffyrdd a llwybrau'r byd yn fynych a chollasom dy ffordd di. Arwain ni eto, yn dy drugaredd, yn ôl i'r Gair, er mwyn inni ddarganfod o'r newydd dy wirionedd i ni. Diolch i ti am drugarhau wrthym ac am ymwneud â ni, ein bywyd a'n byd yn Iesu Grist. Dyro inni werthfawrogi ei eiriau o'r newydd:

'Hyfryd eiriau'r Iesu,
Bywyd ynddynt sydd;
Digon byth i'n harwain
I dragwyddol ddydd:
Maent o hyd yn newydd,
Maent yn llawn o'r nef;
Sicrach na'r mynyddoedd
Yw ei eiriau ef.'

Crea'r awydd ynom, O! Arglwydd, am y sicrwydd hwn mewn bywyd, sef sicrwydd dy Air fel y'i llefarwyd gan Iesu. Gwêl yn dda, O! Dad, i'n cynnal ninnau i ddarllen dy Air a myfyrio arno, fel y gwelwn dan arweiniad yr Ysbryd Glân mai ti yw'r Arglwydd a'r Gwaredwr yn Iesu Grist. Buom yn esgeulus o'r Gair ac aeth y Beibl yn llyfr caeedig yn ein hanes oll. Boed inni ei agor, ac yng nghyfoeth ac ysblander dy Air ddarganfod eto o'r newydd fywyd a fydd er gogoniant i'th enw sanctaidd. Hyn a ddeisyfwn, er mwyn yr hwn a ddaeth atom i'n gwaredu, yr Arglwydd Iesu Grist. Amen.

Geraint Hughes

Ein Byd

Darlleniad   **Deuteronomium 6, 1-9**

Trown atat yn awr, ein Duw, i ddiolch i ti fod llwybr gweddi yn agored inni. Diolchwn i ti am waith dy ddwylo:

> 'Pan edrychaf ar y nefoedd, gwaith dy fysedd, y lloer a'r sêr, a roddaist yn eu lle ... O Arglwydd, ein Iôr, mor ardderchog yw dy enw ar yr holl ddaear.'

Dymunwn, yn ystod y munudau hyn o weddi, gydnabod ôl dy ddwylo di yn creu a chynnal y byd. O foelni'r gaeaf, i ddeffroadau'r gwanwyn, ac ysblander a llawnder yr haf, hyd at brydferthwch lliwiau'r hydref, diolchwn i ti, ein Tad, am ein byd. Ond gorfodir ni hefyd, ein Tad, i gydnabod iti ein galw i ofalu am ein byd - y byd a greaist yn ôl dy Air a'th ewyllys - ac i ninnau gefnu ar dy alwad a gwadu'n cyfrifoldeb. Buom yn afradlon ein ffyrdd ac yn anghyfrifol ein stiwardiaeth. Erfyniwn am faddeuant, ein Tad, am y llanast a wnaethom o'th greadigaeth di. Gwelwn ganlyniad ein difaterwch a'n hesgeulustod yn y difa a'r dinistrio sy'n digwydd heddiw yn ein byd. Effeithiodd hynny, nid yn unig ar ein hamgylchedd ni, ond hefyd ar amgylchedd y cenedlaethau i ddod.

Trugarha wrthym, O! nefol Dad, a maddau inni ein balchder am gamfalau'r fath ddinistrio, a hynny oherwydd elw a rhesymau economaidd. Mewn galar a thristwch cofiwn am y fforestydd a ddymchwelwyd a'r cymoedd a foddwyd; am y treisio a fu ar adnoddau'r ddaear, a hynny er elw dyn. Cofiwn yn ein gweddi am frodorion y gwledydd a orfodwyd i symud o'u cynefin, a hynny yn enw datblygiad; am y tresmasu a fu ar eiddo a'r chwalu ar gymunedau. Gwaeddodd eraill am feddrodau'u tadau ac am gynefin eu plant, ond byddar oeddem i'w cri. Maddau inni, ein Tad, am ein diffyg consýrn, am ein diffyg gofal. Daeth poen a blinder i'n byd oherwydd yr awchu am elw, a phlygwn ninnau ger dy fron mewn cywilydd am inni adael i'r cyfan ddigwydd dros y blynyddoedd, a ninnau heb ildio dim. Erfyniwn am gyfle newydd i unioni'r cam a wnaed, ac am arweiniad i wneud hynny.

Gwyddom iti alw atat genedl etholedig, a rhoddaist iddi wlad yn llifeirio o laeth a mêl. Canlyniad hynny oedd gosod cyfrifoldeb arni i ufuddhau i ti, drwy gyfamod a wnaethost â hi i ofalu am y wlad. Gwna ninnau'r un mor barod i ofalu am yr hyn a roddwyd i'n gofal ninnau fel cenedl. Deffro ynom yr awydd i ofalu am yr hyn a ddaeth yn etifeddiaeth inni yn dymhorol ac yn ysbrydol, fel y medrwn greu gwlad 'ar dy lun' a thrwy hynny ymarfer o'r newydd ein ffydd fel stiwardiaid cyfrifol a da i ti. Wedi'r cyfan, rydym yn atebol i ti am ein gweinidogaeth fel gofalwyr ein byd a'n cenedl.

Arwain ni i fod yn deilwng o'th alwad, er mwyn inni ganolbwyntio'n hegni a'n meddyliau ar y gwaith o ofalu am y winllan hon a roddwyd i'n gofal. Nid anghofiwn hanes Naboth a'r winllan a roddwyd i'w ofal ef ...

    'Gwinllan a roddwyd i'm gofal yw Cymru fy ngwlad,
    I'w thraddodi i'm plant
    Ac i blant fy mhlant
    Yn dreftadaeth ysbrydol.'

Cyflwynwn ein treftadaeth ysbrydol i'th sylw, yn enwedig wrth inni gofio'i blinderau, a boed i ninnau fod yn agored i ymateb yn gadarnhaol a'n cyflwyno'n hunain i ofalu am ein byd. Rho inni o'r newydd brofiad o'r Ysbryd Glân i'n cymhwyso ar gyfer y gwaith. Hyn a ofynnwn yn enw Iesu Grist. Amen.

Geraint Hughes

Gras

'Arglwydd ein lôr, mor ardderchog yw dy enw ar
yr holl ddaear.'

Dyrchafwn ninnau dy enw sanctaidd gyda'n gilydd yn awr gan gydnabod o'r newydd dy arglwyddiaeth dros dy greadigaeth. Ti a'n creaist yn ôl dy lun a'th ddelw, ond rhaid i ninnau gyfaddef, O! Dad, inni golli'r ddelw honno. Y gwir amdanom, fel yr wyt yn gwybod, yw inni grwydro fel defaid; troesom oll i'n ffyrdd ein hunain a dilynasom y byd gan dy anghofio. Ond diolchwn i ti am dy ras a'th gariad tuag atom. Ti sydd, yn dy ras, wedi'n galw'n ôl i ddilyn dy lwybrau, a diolchwn i ti am hynny'n awr yn ein gweddi.

Diolchwn i ti am roi dy ras yn rhad inni fel y medrwn fwynhau dy ddaioni tuag atom o'r newydd. Gwyddom, oherwydd ein cyflwr ger dy fron, nad ydym yn haeddu dim o'th law. Ni fedrwn ennill ffafr gennyt, na dim arall chwaith, oherwydd bod ein holl weithredoedd fel bratiau budron. Gwir yw'r Gair amdanom oll:

'Aethom i gyd fel peth aflan, a'n holl gyfiawnderau fel
clytiau budron: yr ydym i gyd wedi crino fel deilen a'n
camweddau yn ein chwythu i ffwrdd fel y gwynt ...
cuddiaist dy wyneb oddi wrthym, a'n traddodi i afael
ein camweddau.'

Er mor anobeithiol ein cyflwr, ein Tad, diolchwn i ti nad anghofiaist ni na'n gadael. Ni yw'r clai a thi yw'r crochenydd, ac felly plygwn mewn edifeirwch o'th flaen a disgwyl i ti ymwneud â ni yn ôl dy ewyllys. Dyro ras inni fedru plygu i'th ewyllys, fel y gogonedder dy enw mawr trwom ni.

Diolchwn i ti am dy ras sy'n rhoi daioni i fywyd a chymdeithas. Diolch am ofalu amdanom ac am y gras hwnnw sy'n gorchfygu pob drygioni. Gwelsom ymgorfforiad o hynny ym mywyd a pherson yr Arglwydd Iesu Grist, yn ei farw aberthol ar y Groes sydd wedi dangos i ni, heb unrhyw amheuaeth, dy gariad tuag atom.

Diolchwn am y gras a roddwyd yn neilltuol i'th blant ac i'th Eglwys, ac am y bendithion lu a ddaw i'n rhan o'th law di yn ddyddiol. Diolchwn am y gras sy'n galluogi'r weinidogaeth Gristnogol i barhau yn ein byd. Diolch am dy hynawsedd tuag atom oll drwy dy Ysbryd Glân yn gweithredu ynom a thrwom. Ond yn bennaf oll diolchwn i ti am y gras a ddaeth yn Iesu Grist:

> 'Ar Galfaria yr ymrwygodd
> Holl ffynhonnau'r dyfnder mawr;
> Torrodd holl argaeau'r nefoedd
> Oedd yn gyfain hyd yn awr:
> Gras a chariad megis dilyw
> Yn ymdywallt yma 'nghyd,
> A chyfiawnder pur a heddwch
> Yn cusanu euog fyd.'

Dyro inni, ein Tad nefol, gyfle mewn munudau fel y rhain i offrymu'n dawel ger dy fron o waelod ein bodlaeth, foliant a mawl i ti, fel bod hynny'n llenwi'n calonnau ac yn dathlu buddugoliaeth Iesu Grist ar ein rhan. Dyrchafwn dy enw goruwch pob enw, fel y bydd pob glin yn plygu i gydnabod dy fawredd. Am dy addewidion i ni dy blant, drwy ras ein Harglwydd Iesu Grist, diolchwn i ti; am gael profi dy gariad, moliannwn dy enw; ac am gwmpeini'r Ysbryd Glân ar bererindod bywyd, cydnabyddwn dy ffyddlondeb tuag atom.

Felly, ein Tad, yn ein gostyngeiddrwydd a'n pechod, diolchwn i ti am ein caru, am dy ras i bob un ohonom, a gweddïwn am i ti ein hadnewyddu o ran ffydd fel y medrwn fyw ein bywydau er gogoniant i ti. Hyn a ofynnwn yn enw Iesu Grist. Amen.

Geraint Hughes

Trugaredd

Darlleniad   Salm 103

Ein Tad nefol, erfyniwn am dy arweiniad yn ystod y munudau hyn a ninnau'n ceisio dy wyneb mewn gweddi. Munudau arbennig ydynt, oherwydd wrth inni nesáu at dy orsedd gwnawn hynny â chalonnau diolchgar i ti am dy drugaredd tuag atom. Mae'r emynydd am ein hatgoffa:

> 'Mae munud yn dy gwmni
> Yn newid gwerth y byd'

Os wyt ti am inni brofi'r munud hwn yn awr, O! Dad, yng nghanol munudau nesaf ein gweddi, boed iddo ddwyn inni brofiad adnewyddol ohonot ti. Diolchwn mai Duw trugarog a graslon ydwyt, yn araf i ddigio ac yn llawn ffyddlondeb. Daw hynny â chysur a llawenydd inni, ein Tad, yn wyneb ein hanffyddlondeb ni tuag atat. Dymunwn brofi dy drugaredd o'r newydd fel y medrwn dy ogoneddu mewn diolchgarwch, oherwydd ni wnaethost â ni yn ôl ein pechodau, ni thelaist i ni yn ôl ein troseddau, ond ceraist ni â chariad perffaith gan bellhau ein pechodau oddi wrthym. Diolchwn i ti am dy ffyddlondeb i'th blant, ffyddlondeb sydd 'o dragwyddoldeb i dragwyddoldeb' i'r rhai sy'n dy foli. O! Dad, deisyfwn dy drugaredd i'n galluogi i'th wasanaethu o'r newydd a cheisio dy deyrnas mewn gwirionedd.

Yn bennaf, ein Tad, diolchwn i ti am dy drugaredd tuag atom yn Iesu Grist, ein Gwaredwr. Diolch i ti am iddo ddod i'n byd 'dros ein pechod ni, a hefyd bechodau'r holl fyd'. Ni ryfeddwn i'r Gair ddweud wrthym:

> 'Yn hyn y mae cariad: nid ein bod ni'n caru Duw, ond ei
> fod ef wedi ein caru ni, ac anfon ei Fab i fod yn iawn dros
> ein pechodau.'

Dymunwn brofi' cariad hwn yn ein bywydau o'r newydd wrth

inni gydnabod dy drugaredd tuag atom:

'Pwy sydd Dduw fel ti, yn maddau anwiredd, ac yn
mynd heibio i drosedd gweddill ei etifeddiaeth?
Nid yw'n dal dig am byth, ond ymhyfrydu
mewn trugaredd. Bydd yn dosturiol wrthym eto,
golch ein hanwireddau, a thafla ein
holl bechodau i eigion y môr.'

Mor fawr wyt ti, O! Dduw. Canmolwn ninnau dy enw am byth.
Gwelaist yn dda ein galw atat, ar sail dy drugaredd, i brofi o'r newydd
dy bresenoldeb yn ein bywyd. Diolch am gwmni'r Ysbryd Glân yn
ein cynorthwyo i'n hoffrymu ein hunain 'yn aberth byw, sanctaidd a
derbyniol i ti', a thrwy hynny addoli dy enw sanctaidd. Gelwaist ni i
fyw fel plant y deyrnas, i lawenhau mewn gobaith, i sefyll yn gadarn
dan orthrymder, i weddïo'n ddi-baid, i lawenhau gyda'r rhai sy'n
llawenhau, ac i fendithio'r rhai sydd am ein herlid, heb eu melltithio
o gwbl - er mor wahanol yw hynny i'r ymateb sy'n codi o'r natur
lygredig sydd ynom. Ond na, credwn i ti ein galw yn dy drugaredd
i fyw bywyd sanctaidd, bywyd sy'n deilwng ohonot, gan fyw mewn
cariad, yn union fel y carodd Crist ni, a'i roi ei hun trosom, yn offrwm
ac aberth i Dduw, yn arogl pêr.

Boed i arogl Iesu Grist yr Arglwydd aros arnom fel y byddwn oll
yn blant i ti ac yn barod i ddwyn gogoniant i'th enw glân a sanctaidd.
Hyn a ofynnwn yn enw Iesu Grist. Amen.

Geraint Hughes

Maddeuant

Darlleniad   Mathew 18, 21-35

Ein Tad, cofiwn i Iesu ein dysgu, fel y dysgodd ei ddisgyblion i weddïo:

'Maddau i ni ein troseddau, fel yr ŷm ni wedi maddau i'r rhai a droseddodd yn ein herbyn.'

Sylweddolwn ar ein hunion, mor eithriadol bwysig yw'r geiriau hyn. Yn bwysig am eu bod yn dod â ni wyneb yn wyneb â'r ffaith mai Duw maddeugar wyt ti a bod disgwyl i ninnau yn ein bywydau'n hunain faddau i'r rhieny sydd wedi troseddu yn ein herbyn.

Deuwn, ein Tad, i gyffesu i ninnau droseddu yn dy erbyn di. Aeth dy gyfreithiau a'th orchmynion ymhell o'n cof a chawsom ein hunain yn dilyn ein hewyllys hunanol yn hytrach nag yn ceisio dy ewyllys di. Yn wyneb hyn, deuwn ger dy fron mewn edifeirwch ac erfyniwn arnat am dy faddeuant. Daw i'n cof eiriau Ioan Fedyddiwr pan welodd yntau'r Arglwydd Iesu'n dod ato i'w fedyddio yn afon Iorddonen: 'Dyma Oen Duw, sy'n cymryd ymaith bechod y byd'. Credwn mai dyma oedd pwrpas dyfodiad yr Arglwydd Iesu i'n byd ac mai dyma pam y bu iddo farw drosom. Daeth i'n gwaredu rhag canlyniadau'n pechod a'n hanufudd-dod i Ti, a thrwy hynny ein gwahodd i dderbyn y bywyd sydd ar ein cyfer gennyt ti, yn awr ac am byth.

O! Dad, gwyddom bod dy faddeuant yn Iesu Grist ar gael i ni ar yr amod ein bod yn troi atat mewn edifeirwch a ffydd. Erfyniwn felly am gael dod o'th flaen a dechrau dy ddilyn o'r newydd yn ein bywydau. Dyro inni brofi hynny'n awr a chael cychwyn ar bererindod ffydd a fydd yn ein harwain i berthynas newydd a bywiol â thi, fel y byddwn, o hyn ymlaen, yn byw ein bywydau er clod a gogoniant i'th enw sanctaidd. Gwyddom hefyd, ein Tad, mai canlyniad yr hyn a gyflawnodd Iesu, ynghyd â'n hedifeirwch ni a'th faddeuant dithau, yw ein bod ninnau'n cael magu ffydd ynot a chael ein cyfiawnhau ger dy fron.

Dymunwn gael bod yn iawn yn dy olwg, fel y medrwn sefyll o'th flaen yn y gobaith y cawn gyfranogi o'th ogoniant. Diolchwn i ti am gymodi'r byd â thi dy hun yn Iesu Grist ac am i ninnau gael bod yn wrthrychau dy gariad tragwyddol. Do, ceraist y byd gymaint nes iti roi dy unig Fab, er mwyn i'r sawl sy'n credu ynddo ef beidio â mynd i ddistryw ond cael bywyd tragwyddol.

Ein Tad, teimlwn mor annheilwng ac mor annigonol ein geiriau i fedru dod atat fel hyn i ddiolch i ti am Iesu Grist ac am yr hyn a gyflawnodd drosom, a ninnau wedi dy wrthod mor aml. Down mewn cywilydd ac mewn euogrwydd am inni wadu aberth Iesu Grist yn ein bywydau. Ond gwyddom iti ein caru a'th fod yn barod i faddau. Do, ceraist ni cyn ein bod.

> 'A'i briod Fab a roes
> Yn ôl amodau hen y llw,
> I farw ar y groes.'

Diolchwn i ti am gael sefyll o'th flaen yng nghyfiawnder Iesu Grist, gan nad oes unrhyw gyfiawnder ynom ni ein hunain. Diolch i Iesu orchfygu, gan hwyluso'r ffordd inni ddod atat yn hyderus ac yn ffyddiog na fyddi yn ein gwrthod nac yn cefnu arnom. O! diolch, ein Tad, am iti ollwng dros gof ein pechodau ni drwy'r hyn a wnaeth Iesu ar ei Groes. Moliannwn dy enw wrth inni gofio am eiriolaeth dy Fab drosom:

> 'O! Dad, maddau iddynt, oherwydd ni
> wyddant beth y maent yn ei wneud.'

a chlodforwn dy enw oherwydd:

> 'Euogrwydd fel mynyddoedd byd,
> Dry'n ganu wrth y Groes.'

Derbyn ein diolch eto, ein Tad, am iti ein barnu a maddau inni yng ngwaed Iesu. Ein caru fel pe bai dim ond un ohonom i'w garu. Yn Iesu Grist. Amen.

Geraint Hughes

Ein Gwlad

Darlleniad   Salm 33, 12

*(Os yw'n bosibl, a hynny fyddai orau, dylid cael
dau lais i'r weddi hon)*

O! DDUW
Ein Duw
RHOWN GLOD, DIOLCH A MAWL
Y parch a'r bri i ti am y Gymru hon
AM DY RODD I NI MEWN IAITH, DIWYLLIANT A HANES.

AM Y GORFFENNOL
Rhown ddiolch
AM YR ENWOG A LAFURIODD HYD FLINDER, HYD ABERTH
Rhown ddiolch
AM Y NODEDIG A LAFURIODD DAN DDIRMYG A PHOEN, A
GADAEL BENDITH AR EU HÔL
Rhown ddiolch
AM Y NIFEROEDD DI-SÔN ERAILL A FU'N DYFAL LAFURIO
ER NA CHLYWODD Y GENEDL FAWR DDIM AMDANYNT
Rhown ddiolch
AM I TI EIN BENDITHIO Â SEINTIAU DEWRION AC
ARWEINYDDION; GWŶR A GWRAGEDD O DDAWN,
DEWRDER A DYSG
Rhown ddiolch
YMHYFRYDWN YN EU HESIAMPL A'U LLAFUR.

O! DDUW
Ein Duw
AM Y PRESENNOL
Rhown ddiolch
GWELI DI EIN RHINWEDDAU ...
Gweli di ein gwendidau

93

DEISYFWN ARNAT
Derbyn ein gweddi
RHAG RHITH O GREFYDD HEB EI GRYM
O! Dduw, gwared ni
RHAG CYMDEITHAS HEB EI CHYDWYBOD
O! Dduw, gwared ni
RHAG DIBRISIO EIN HIAITH
Goriad ein gorffennol,
EIN TOCYN I'R DYFODOL
O! Dduw Dad, gwared ni dy bobl
RHAG RHANIADAU - TRADDODIAD AC ARFER
Hil a dosbarth
rhwng y braf eu byd a'r tlawd
RHAG RHANIADAU SY'N LLADD BRAWDOLIAETH AC YN
 GWENWYNO CYMDEITHAS
O! Dduw, ein Duw, gwared ni
DYRO I'TH BOBL LYWODRAETH UNION A CHYFRAITH
GYFIAWN, YMDRECH ANGERDDOL A GWELEDIGAETH
GREADIGOL
I ymgnawdoli dy gariad ym mywyd ein gwlad.

O! DDUW
Ein Duw
AM Y DYFODOL
Rhown ddiolch
OS GWELI DI'N DDA
Dyro inni ryddid
HEDDWCH A LLAWENYDD
Dyro ras inni
DDERBYN YN SIRIOL Y PETHAU NA ELLIR EU NEWID
Y dewrder i newid y pethau y gellir eu newid
A'R DOETHINEB I WYBOD Y GWAHANIAETH RHYNGDDYNT
O! Dduw
EIN DUW
Clyw ein gweddi. Amen.

Owain Llŷr Evans

Yr Ysgol Sul

Darlleniad   Diarhebion 22

Gweddi ar ddechrau'r Ysgol Sul

Deuwn atat yn llawen,
  ein Harglwydd byw,
  ein hathro bendigedig.
Deuwn yn deulu,
  yr ifanc yn ymelwa ar ffrwyth profiad yr hen,
  a'r hen yn derbyn her ffresni ac egni'r ifanc.
A phawb ohonom yn derbyn gennyt drysor dy Air.
Hyfryd eiriau yn ein hadeiladu,
  dwysbigo,
  cysuro,
  puro,
  goleuo ac ysbrydoli.

Arwain ni, bawb sy'n dysgu a phawb a ddysgir. Arwain ni, yn blant a phobl ifainc a rhai hŷn, i chwilio, trin a thrafod, ond yn bennaf oll i fwynhau dysgu gennyt ac amdanat. Amen.

Gweddi ar derfyn yr Ysgol Sul

Deuwn atat, Arglwydd, ar derfyn y cyfnod hwn yng nghwmni ein gilydd i gydnabod ein diolch am yr arweiniad a gawsom ac am y paratoi a fu ar ein cyfer. Diolch am gwmni cyfeillion, am y parodrwydd i rannu a goddef syniadau gwahanol ac amrywiaeth barn; a'r cyfan yn gymorth inni i gyd i ddeall yn well dy Air a'th ewyllys ar ein cyfer. Ac mewn byd lle mae cymaint yn chwilio, mewn cymdeithas lle mae cymaint o gwestiynau'n cael eu holi a chyn lleied o atebion yn cael eu cynnig, boed i'r gwefusau sydd wedi datgan dy glod fynd allan bob amser gan gyffesu dy wirionedd.

Boed i'r clustiau a glywodd y gwirionedd amdanat fynd allan a gwrando'n feunyddiol am yr hyn sy'n dda, yn gywir ac yn wir. Boed ein bywydau, sydd wedi eu cysegru i ti, fod bob amser yn deilwng ohonot ac yn cael eu byw er clod a gogoniant i'th enw mawr. O! Dduw bendigedig, clyw ein gweddi. Amen.

Gweddi gyffredinol dros yr Ysgol Sul

Diolchwn i ti, ein Tad a Thad ein Harglwydd Iesu Grist, am orffennol yr Ysgol Sul. Diolchwn am Griffith Jones, Llanddowror a Thomas Charles o'r Bala. Diolchwn am i bobl gynt drwy gyfrwng yr Ysgol Sul ddarganfod yn y geiriau y GAIR.

Ac wrth ddiolch i ti am ddoe, am yr hyn fu'r Ysgol Sul, cyflwynwn i ti weithgarwch y presennol. Diolchwn am waith Cyngor yr Ysgolion Sul, a'r athrawon hynny sy'n dysgu ac yn hyfforddi plant, pobl ifainc ac oedolion yn dy Air o Sul i Sul.

Ac os ydym heddiw'n gweddïo ac yn gweithio yn unol â'th ewyllys di ac o dan arweiniad dy Ysbryd, os gweli'n dda, boed dy fendith ar ddyfodol yr Ysgol Sul. Boed i'r had a heuir heddiw ddwyn ffrwyth yfory. Er gogoniant i'th enw. Amen.

Owain Llŷr Evans

Yr Eglwys

Darlleniad   Mathew 21, 12-17

Mae'n anodd arnom, Arglwydd,
ar drothwy canrif newydd,
yng nghanol yr holl ddryswch,
heb wybod i ba gyfeiriad i droi
na pha beth i'w weiddi.

Mae'n anodd arnom, Feistr,
wedi ein hesgymuno gan gymdeithas,
wedi ein gwthio i gornel,
yn gorfod gwylio gwaethaf diawlineb dyn,
a llithro gyda'r llif.

Aethost i'r deml, Arglwydd,
i ganol y prynu a'r gwerthu;
pobl yn mynd a dod
driphlith draphlith.
Aethost i ganol y sŵn a'r annibendod,
i ganol y clebran crefyddol.
Aethost i daflu'r cyfan allan ...
Allan lawr y grisiau ...
Allan trwy'r drysau
Allan i'r gwter.
Yn gwmni i ti roedd y cleifion a'r plant,
llu o blant yn cadw sŵn, yn canu, yn gweiddi, yn chwerthin ...
Plant yn rhedeg o gwmpas fel pethau ddim yn gall.

Tyrd, os gweli di'n dda, i deml dy Eglwys heddiw.
Gyr allan yr hyn oll sy'n atal ei heffeithiolrwydd yn dy fyd.
Gyr allan ein hofnau a'n hansicrwydd -
ofn mentro; ofn newid; ofn arbrofi.
Tafla i lawr gadeiriau ein crefydd denau, ddof.

Dymchwel fyrddau ein rhagfarn a chenfigen,
Maddau inni ein hystrydebau.

'N'ad im fodloni ar ryw rith
O grefydd, heb ei grym;
Ond gwir adnabod Iesu Grist
Yn fywyd annwyl im.'

Boed i ninnau fel y cleifion hynny
deimlo dy nerth yn ein hadnewyddu.
Boed i ninnau fel y plant hynny
allu gweiddi yn y deml,
Hosanna, hosanna i Fab Dafydd!

Yn wir, Arglwydd,
ynot ti llawenhawn,
atgyfnerthwn,
gorfoleddwn.
Awn allan gyda thi,
nid yn ein dillad dydd Sul glân
ond yn ein dillad gwaith.
Awn allan gyda thi, ein Bendigeidfran,
i bontio'r agendor rhwng y materol a'r ysbrydol,
y seciwlar a'r cysegredig;
rhwng dy Eglwys a'th fyd ...
rhwng Duw a phobl. Amen.

Owain Llŷr Evans

Y Digartref

Darlleniad   **Salm 34, 18**

'Homeless - Please Help.'
Darllenais y geiriau wrth fynd heibio ...
rhoddais wên iddo wrth fynd heibio ...
do, es heibio a llais bach yn lleddfu fy nghydwybod:
'Paid â phoeni, nid dy gyfrifoldeb di mohono.'
Ond, Arglwydd, gwnest ni'n gyfrifol am ein gilydd,
am gymydog ... a dieithryn.
Arglwydd, mae gan lwynogod ffeuau,
a chan adar yr awyr nythod,
ond gan Fab y Dyn nid oedd lle i roi ei ben i lawr.
Fe wyddost am grwydro, am fyw ar drugaredd eraill.
Oes, mae gennyt gydymdeimlad â'r digartref.
Yn ystod dy fywyd gwrthodaist gamu dros yr amddifad a'r
diymgeledd a'u hanwybyddu.
Dyro, os gweli'n dda, i drigolion ein dinasoedd cardbord,
a'r byd yn oer a thywyll a digariad iddynt, wres a goleuni dy
gariad.
Dyro iddynt ryw arwydd o'th gydymdeimlad,
rhyw argoel o'th bresenoldeb yng nghanol eu hynt a'u helynt.
Gwna hynny ynom a thrwom ni.
Ninnau,
sy'n rhy aml fel y Lefiad a'r offeiriad yn cerdded heibio;
yn arswydo rhag ein cyfrifoldeb.
Ninnau,
heb awydd baeddu ein dwylo yn dy wasanaeth.
Ninnau,
yn gwrthod cyfieithu geiriau yn weithredoedd.
Ninnau,
a'n ffydd heb ddillad gwaith.
Ninnau, bob un ohonom

yn rhan o'r system sy'n llethu, bychanu a dibrisio;
yn cadw dyndod llawn oddi wrth ein cyd-aelodau, a ninnau
o'th deulu mawr.
Os gweli'n dda,
deffra ein cydwybod,
goleua ein dychymyg.
Atgoffa ni o'r newydd am esiampl y Samariad Trugarog:
'Caru dynion a'u gwasanaethu,
dyma'r ffordd i garu Iesu.'
Atgoffa ni dy fod ti ym mhawb a phawb ynot ti.
Os gwelwn un o'th blant,
un o'n brodyr neu chwiorydd heddiw ar lawr,
n'ad inni gerdded heibio a gwadu ein cyfrifoldeb,
rhag inni orfod holi ryw ddydd,
'Arglwydd, pryd y'th gwelsom di'n newynog neu'n sychedig
neu'n ddieithr neu'n noeth neu'n glaf neu yng ngharchar heb
weini arnat?' 'Yn wir, rwy'n dweud wrthych, yn gymaint ag
i chwi beidio â'i wneud i un o'r rhai lleiaf hyn, nis gwnaethoch
i minnau chwaith.' Amen.

Owain Llŷr Evans

Rhyddid

Arglwydd Iesu
byw a bendigedig,
daethost i 'bregethu'r newyddion da i
dlodion, i gyhoeddi rhyddhad i garcharorion, ac adferiad golwg
i ddeillion, i beri i'r gorthrymedig gerdded yn rhydd, i gyhoeddi
blwyddyn ffafr yr Arglwydd'.

Ein Harglwydd,
buost dan glo,
a'r milwyr yn dy daro, dy chwipio a'th wawdio;
dy drin yn sarhaus gan osod gwisg ysblennydd amdanat,
ymgrymu ger dy fron ac yna gwasgu coron o ddrain am dy
ben.

Fe wyddost yn iawn beth yw creulondeb.
Fe wyddost beth yw artaith ac unigrwydd caethiwed.

Yn dy enw,
gweddïwn dros dy bobl,
ein brodyr a'n chwiorydd a garcharwyd ar gam - carcharorion
cydwybod.
Y rhai a daflwyd i'r carchar oherwydd eu syniadau a'u daliadau.
Yn cael eu poenydio mewn rhyw swyddfa, cell neu seler y funud
hon,
rywle yn y byd.

Gweddïwn am gyfiawnder.
Erfyniwn am ryddid.
Gweddïwn am dy nerth a'th arweiniad i'r holl ymdrechion
heddychlon i gynorthwyo a dadlau plaid y carcharorion hyn,

er mwyn eu sicrhau nad yw'r byw wedi anghofio amdanynt.
Gweddïwn drosom ein hunain fel dy bobl.
Carcharorion ydym oll.
Rhai ohonom yn gaeth i afiechyd a llesgedd; eraill mewn
cadwynau gwendid a methiant.
(Eiliad o dawelwch.)
Rhai ohonom yn gaeth i amheuaeth ac ansicrwydd; eraill mewn
cadwynau gofid ac ofn.
(Eiliad o dawelwch.)
Rhai ohonom yn gaeth y tu mewn i furiau rhagfarn; eraill wedi
eu drysu gan amgylchiadau blin ac anodd.
(Eiliad o dawelwch.)
Rhai ohonom yn gaeth y tu mewn i furiau traddodiad ac arfer;
eraill wedi eu drysu gan unigrwydd.
(Eiliad o dawelwch.)
Rhai ohonom yn gaeth i waith beunyddiol digyfeiriad a di-
nod; eraill yn weision i dipiadau'r cloc.
(Eiliad o dawelwch.)
Rhai yn gaeth i gyffuriau a diod; eraill yn weision i ffasiwn - yn
arswydo rhag bod yn 'square'.
(Eiliad o dawelwch.)
Rhai ohonom yn gaeth i ormes hunanoldeb; eraill yn ildio'n
barhaus i'r farn gyhoeddus.
Ie, Arglwydd, carcharorion ydym.
Erfyniwn am ryddhad, am gael clywed goriad dy gariad yn y
clo yn agor drws ein carchar.
Dyro inni'r ewyllys a'r nerth i gerdded drwyddo - gyda thi.
Amen.

Owain Llŷr Evans

Iechyd

O! Dduw, ein Tad, cydnabyddwn gyda'n gilydd mai ti a'n creaist ac mai ti sy'n ein cynnal. Ynot ti yr ydym ni'n byw, yn symud ac yn bod. Diolchwn i ti dy fod wedi'n creu ar dy lun ac ar dy ddelw. Trwy hynny, rhoddaist ynom ddyhead diflino amdanat dy hun ac nid oes diwallu arno nes inni orffwys ynot ti. Drwyddot ti y cawn ein cyflawni a thrwyddot ti y cawn ein hiechyd. Tydi, O! Dduw, yn Iesu Grist, yw ffynhonnell fawr pob dim. Ohonot ti y daw'r cyfan ac ynot ti y mae ein holl ddyheu ni. Diolchwn i ti am amlygu'r cyfan yn Iesu Grist.

'Efe yw ffynnon fawr pob dawn,
Gwraidd holl ogoniant dyn;
A rhyw drysorau fel y môr
A guddiwyd ynddo'i hun.'

Diolchwn i ti, O! Dduw, am ein hiechyd. Gwnaethost ti bob peth er gogoniant i'th enw ac er budd i ddynion. Yr wyt ti yn dy gariad anfeidrol yn ewyllysio ein ffyniant a'n daioni. Nid ydym ni'n llwyddo i gynorthwyo'n gilydd nac i'n cynorthwyo'n hunain fel y dylem oherwydd ein cyndynrwydd a'n hunanoldeb.

O! Dduw trugarog, cynorthwya ni, dy bobl, i edrych ar ein bywyd yn ei gyfanrwydd, yn gorff a meddwl ac ysbryd. Galluoga ni i dderbyn Iesu Grist yn arglwydd ar bob rhan o'n bywyd.

Diolchwn i ti am gynhaliaeth i'n cyrff ac am amrywiaeth diddiwedd yr ymborth. Diolchwn i ti am y gallu i ddewis y pethau sy'n fuddiol a llesol. Trwy hyn, gallwn gyflawni'n gorchwylion er ein budd ein hunain a'n cyd-ddynion. Galluoga ni i osgoi pob dim sy'n gwneud drwg i'n cyrff, yn arbennig y pethau y gwyddom eu bod yn gwneud difrod i ni ond y cawn hi'n anodd ymatal rhagddynt. Diolchwn i ti am bob cyfrwng i oleuo'n meddwl, i ddeffro'n dychymyg, ac i gynnal ein diddordeb, i'n gwneud yn gymeriadau byw. Mawrygwn di am ehangu'n meddyliau trwy ddiwylliant o bob math ac am gyfoethogi'n profiadau trwy ffurfiau amrywiol celfyddyd. Uwchlaw pob dim, cadw'n meddyliau ar Iesu Grist fel y gallwn osgoi pob meddwl drwg ac amhur, a byw yn anhunanol.

Diolchwn i ti, O! Dduw, am gynhaliaeth i'r ysbryd. Canmolwn di am dy Eglwys, ac am gyfle i uno â'n gilydd mewn cymundeb â thi, i feithrin ein hysbryd trwy ddyrchafu dy enw. Diolchwn i ti am feibl, am gymundeb â Iesu Grist, am gymdeithas â'n gilydd, am arweiniad yr Ysbryd Glân. Gwyddom na allwn fyw yn llawn heb amcan i'n bywyd. Llwfr a diymadferth ydym heb dy ysbrydoliaeth di. Gwarchod ni rhag hunandosturi a hunanoldeb, chwerwedd ac eiddigedd, a dyro inni ffydd a gobaith a chariad, gwir elfennau'r Ysbryd.

Os daw afiechyd i'n rhan, galluoga ni i'w wynebu'n ddewr a chadarnhaol. Dysg ni i edrych i'r dyfodol a dal ein gafael yn ein gobaith ynot ti. Dyro inni chwilio am yr hyn y gallwn ei gael o'n profiad. Dyro inni weld o'r newydd y gallwn gymryd y pethau pwysicaf yn ganiataol, a bod ansicrwydd yn ein dysgu i werthfawrogi'r pethau sy'n bwysig.

Dyro inni weld ein perthynas â'n teulu, ac â'n ffrindiau, ac â chymdeithas ac â bywyd mewn goleuni gwahanol. Ein gweld ni'n hunain mewn ffordd newydd trwy ddysgu amynedd, dealltwriaeth a chydymdeimlad. Gweld y gallwn fod yn gyfoethocach ac yn gryfach ac yn fwy diddorol oherwydd inni gael y profiad.

Dyro inni weld yn gliriach ein bod yn dy law di beth bynnag a ddigwydd, gan sylweddoli nad oes yna ddim a all ein gwahanu ni oddi wrth dy gariad di yn Iesu Grist. Dyro flas maddeuant i ni fel na all dim ddod rhyngom a thi. Arwain ni i'r sicrwydd mai ynot ti y mae ein cyfiawnder ni, er gogoniant i'th enw yn Iesu Grist. Amen.

John Owen

Y Synhwyrau

Darlleniad   **Caniad Solomon 2, 8 - 3, 6**
                Job 38

O! Dduw, ein Tad, a ddygodd drefn allan o'r tywyllwch ac a greodd y nefoedd a'r ddaear, diolch i ti am ein creu ni ar dy lun a'th ddelw. Lluniaist ni o'r llwch ac anadlaist ynom anadl y bywyd. Diolch am i ti wrth ein llunio roddi inni synhwyrau fel y gallwn fwynhau dy greadigaeth. Maddau ein bod ni'n stiwardiaid mor sâl. Gofynnwn i ti flaenllymu ein synhwyrau fel y byddwn yn fwy effro i'r gogoniannau o'n cwmpas. Adfer ynom ryfeddod y plentyn fel y gallwn ddotio o'r newydd at gyfoeth dy gread.

Diolch i ti am lygaid i weld. Ymhyfrydwn yn adnewyddiad bywyd yn y gwanwyn - y lili swil yn ymwthio o'r ddaear a'r briallu ym môn y clawdd. Gwelwn arwyddion bywyd newydd wrth weld yr ŵyn bach yn prancio yn y caeau. Yna, daw'r haf a'i holl gyfoeth i'n syfrdanu o'r newydd, a phan feddyliwn ein bod wedi gweld eithaf pob prydferthwch fe ddaw'r hydref a'i liwiau ysblennydd. Hyd yn oed yn noethni'r gaeaf, fe welwn harddwch ysgerbydau'r coed a mantell yr eira fel clogyn dros gopa'r mynydd. Agor ein llygaid, Arglwydd, i weld rhyfeddodau dy gread. Gad inni hefyd weld prydferthwch a daioni yn ein cyd-ddynion. Maddau inni ein bod yn fwy parod i weld y beiau. Tyn, O! Arglwydd, y trawst o'n llygaid bob un. Gad inni hefyd godi ein llygaid yn fynych at Groes Calfaria lle y gwelwn nid yr hagrwch yn y farwolaeth araf, arteithiol, ond prydferthwch y cariad mawr a amlygwyd yno.

'Dyma gariad fel y moroedd,
Tosturiaethau fel y lli,
T'wysog Bywyd pur yn marw -
Marw i brynu'n bywyd ni.'

Diolchwn hefyd am gael clustiau i glywed. Eto, diolchwn am gael clywed y synau hyfryd o'n cwmpas - cân yr adar a murmur y nant, sŵn plant yn chwerthin a sŵn y gwynt a'r glaw yn eu tro. Maddau inni ein bod yn gwneud cymaint o sŵn diangen i darfu ar gydbwysedd sŵn dy gread. Cofiwn am y rhai sy'n gorfod dioddef gormod o sŵn oherwydd eu bod yn byw mewn tai a fflatiau sy'n rhy agos at ei gilydd. Cofiwn am y rhai sy'n byw yn sŵn rhyfel, plant bach na chlywodd erioed sŵn amgenach. Maddau inni'r llygredd a grëwn drwy wneud gormod o sŵn yn ein mynd diddiwedd. Dysg inni werthfawrogi tawelwch, a hyffordda ni i wrando am y llef ddistaw fain.

Diolchwn i ti ein bod yn medru teimlo, O! Arglwydd. Rhyfeddwn wrth weld cyffyrddiadau mor ysgafn, ond O! mor effeithiol, yn y byd o'n cwmpas. Dotiwn at sensitifrwydd planhigion a phryfetach yn eu hymateb i'w gilydd. Dysg ninnau i werthfawrogi'r cyffyrddiad a all ein hiacháu. Diolch am ddwylo meddygon a nyrsys sy'n defnyddio'u cyffyrddiad er lles llawer. Diolch am y rhai a deimlodd y cyffyrddiad dwyfol yn eu bywydau ac a fedrodd rannu'r profiad gyda ni.

Diolchwn ein bod yn medru arogli, Arglwydd. Arogli'r gwyddfid yn y perthi a rhosynnau haf yn ein gerddi. Diolch am arogl bwyd sy'n codi archwaeth arnom. Dotiwn at y cymysgedd o aroglau a geir mewn ambell siop - ffrwythau ffres a blodau, arogl bara'n crasu ac aroglau coffi a chaws. Diolch amdanynt. Wrth ddiolch, cofiwn gyda gofid am y rhai sydd heb ddim. Cyffeswn unwaith yn rhagor ein hamharodrwydd i rannu. Cyffeswn hefyd ein bod wedi llygru'r awyr ag aroglau drwg nwyon gwenwynig. Maddau inni, O! Arglwydd, a helpa ni i fyw yn well wrth inni adael i bersawr Rhosyn Saron lenwi ein bywyd.

Tydi, Arglwydd, sy'n rhoddi inni flas ar fyw. Diolch i ti hefyd am y fraint o fedru blasu dy roddion inni mewn bwyd a diod. Rhoddaist inni'r gallu i wahaniaethu rhwng y melys a'r chwerw, a diolch i ti dy fod yn rhoddi nerth inni droi'r dyfroedd chwerwaf eu blas yn felys yn dy gwmni di.

Wrth inni ddiolch, Arglwydd, am dy roddion o synhwyrau i ni, cyflwynwn i ti bawb sydd wedi colli un neu fwy o'r synhwyrau - y deillion, y byddar a'r rhai na fedrant arogli, teimlo na blasu. Derbyn hwy fel ninnau i'th ofal, drwy Iesu Grist ein Gwaredwr. Amen.

John Owen

Undod

Darlleniad   Ioan 17, 20-26
             Effesiaid 2, 11-22

Trown atat gyda'n gilydd, O! Dduw ein Tad, gan geisio gweld pob dim yn dy oleuni di a sylweddoli fod y cyfan yn un ynot ti. Deisyfwn dy addoli oherwydd mai tydi sy'n haeddu mawl, diolch a gwerthfawrogiad. Ynot ti yn unig y mae undod llawn.

> 'Addolwn Dduw ein Harglwydd mawr
> Mewn parch a chariad yma'n awr;
> Y Tri yn un a'r un yn Dri
> Yw'r Arglwydd a addolwn ni.'

Rhyfeddwn yn ddiddiwedd at amrywiaeth diderfyn y bydysawd a'r cwbl sydd ynddo, o'r mymryn lleiaf i'r ehangder mwyaf.

Cawn ein swyno a'n cyfareddu gan y sêr di-ri, maint y gwagle a hynafiaeth ryfeddol y cread; gan y môr a'i symudiadau, ei ddyfnder a'i ddirgelwch, a'i greaduriaid bach a mawr; gan y mynyddoedd a'r ceunentydd, lliw ac amrywiaeth y coed a'r planhigion, a'r newid o dymor i dymor; gan y rhywogaethau di-ben-draw o adar a chreaduriaid a phryfed; gan bobl o wahanol liw a hil, eu gwahanol ieithoedd a'u diwylliannau.

Eto, gwyddom am yr unoliaeth berffaith sydd rhwng pob peth a'i gilydd. Er bod amrywiaeth a gwahaniaethau, llawenhawn yn yr undod, a gadarnheir gan neges y Gair:

> 'Gwnaeth ef hefyd o un gwaed bob cenedl o ddynion,
> i breswylio ar holl wyneb y ddaear.'

Diolchwn i ti, ein Tad, am undod dy Eglwys ac am y patrwm a osodaist ynddi hi ar gyfer bywyd. Diolchwn am eiriau Iesu Grist sy'n sail i bob dim ac yn symbyliad parhaus:

> 'Rwy'n gweddïo ar iddynt oll fod yn un, ie, fel yr wyt ti,
> O! Dad, ynof fi a minnau ynot ti, iddynt hwy hefyd
> fod ynom ni, er mwyn i'r byd gredu mai tydi a'm
> hanfonodd i.'

Cyffeswn na fu inni lwyddo i amlygu'r unoliaeth hon yn nhrefn allanol yr Eglwys. Ni allwn fod yn gytûn o ran syniadau oherwydd ein rhagfarnau. Ni allwn ddeall ein gilydd oherwydd ein cyndynrwydd. Ni allwn wrando ar ein gilydd oherwydd ein balchder. Ni allwn ddysgu oddi wrth ein gilydd oherwydd ein hunanbwysigrwydd.

Gweddïwn am ostyngeiddrwydd i allu cymryd ein harwain gennyt ti, i ddysgu o'r newydd oddi wrth yr undod sydd yn y cread, ynot Ti, ac sy'n gynhenid yn dy Eglwys. Dysg ni i edrych ar undod trwy'r darlun a gawn ohono yn ein corff. Nid oes terfyn ar amrywiaeth y corff - mae'n undod llwyr, er bod i bob aelod a chymal ei swyddogaeth. Wrth inni edrych arnom ein hunain, dyro inni weld bywyd oll yn undod perffaith. O weld y cyfan yn un ynot ti, dyro inni'r weledigaeth a'r dyfalbarhad i ymlid pob pechod a thywyllwch sy'n rhannu ac yn rhwygo. Arwain ni at undod.

Dyro inni faddeuant am ein teimladau a'n methiannau. Glanha ni oddi wrth ein cyndynrwydd a'n balchder, a dyro inni'r dyhead am fod yn fwy tebyg i Iesu Grist, 'yr hwn, ac efe yn ffurf Duw, ni thybiodd yn drais fod yn ogyfuwch â Duw'. Ef yw'r patrwm. Ef yw'r grym. Ef yw'r nod ar gyfer undod llawn. Tywys ni i'n rhoi ein hunain yn llwyr i Iesu Grist. Er mwyn ei enw. Amen.

John Owen

Doniau

Darlleniad   **1 Corinthiaid 12**
Rhufeiniaid 12, 1-7
Salm 103
Mathew 25, 14-30
Luc 19, 11-27

Diolch i ti, ein Tad, am y gras a'r bywyd newydd a roddaist inni trwy aberth Iesu trosom. Pâr i ni, felly, beidio â chydymffurfio â'r byd hwn, ond gadael i ti ein trawsffurfio drwy adnewyddu ein meddyliau a'n galluogi i ganfod beth yw dy ewyllys, beth sy'n dda, yn dderbyniol ac yn berffaith yn dy olwg. Diolch am ein creu yn unigolion ac am roddi inni'r ewyllys i ddewis ein llwybr yn y byd. Diolch i ti am y doniau a roddaist i bob un ohonom - doniau gwahanol ond pob un yn rhodd gennyt ti. Helpa ni i ddatblygu'r ddawn neu'r dalent a roddaist inni a dysg ni i rannu â'n gilydd a chydweithio er gogoniant i ti. Diolchwn i ti am rai a dderbyniodd ddoniau arbennig iawn gennyt ac a gysegrodd y doniau hynny er clod a gogoniant i ti.

Diolchwn i ti am ddawn yr arlunydd sy'n medru cyflwyno inni neges weladwy a chofiadwy. Yn y dyddiau pan oedd llawer yn anllythrennog, fe roddaist ti i'r arlunydd ddawn i adrodd stori ystyrlon wrthynt mewn lliw, er mwyn eu helpu i'th addoli di. Diolch am brydferthwch eglwysi lle gweli mor amlwg ddoniau'r arlunydd a'r cerflunydd. Mae eu gwaith yn dal drwy'r oesau i ni ei edmygu a'i werthfawrogi. Diolch am luniau enwog sy'n rhoi mynegiant mor glir i ddigwyddiadau neu brofiadau. Diolch am y lluniau a'r cerfluniau sy'n portreadu dioddefaint Iesu drosom, a diolch am y rhai sy'n dangos Iesu atgyfodedig mewn mawredd, yn orchfygwr angau a'r bedd. Gwerthfawrogwn hefyd y rhai a fu'n rhoi ar gynfas beth o ryfeddod dy gread, yn lluniau coed a blodau, anifeiliaid ac adar, mynyddoedd a dyffrynnoedd. Mae'r oll yn gysegredig. Agor ein llygaid ninnau i'r gogoniannau hyn.

Diolchwn i ti hefyd am ddawn y llenor, y bardd a'r emynydd.

Meddyliwn am yr Esgob Morgan a fu mor ddiwyd yn cyfieithu'r Beibl ac yn ei gyflwyno i ni mewn iaith gyhyrog a graenus. Diolch amdano ef a'i gydweithwyr ac am y rhai a fu ar ei ôl yn llafurio yn yr un maes. Diolchwn am ein cyfieithiad diweddar o'r Beibl ac am ddoniau'r ysgolheigion a'r llenorion a fu wrthi am flynyddoedd yn gweithio'n galed i'w gyflwyno i ni. Helpa ni i werthfawrogi eu hymdrech. Diolchwn am amryfal lenyddiaeth, yn farddoniaeth a rhyddiaith a gyfansoddwyd i fawrygu'th enw, i ddyrchafu Crist ac i ehangu'r deyrnas. Diolch am y beirdd hynny a fedrodd rannu gyda ni brofiadau personol, ac am ambell emynydd a gyffyrddodd dant ein calon. Gyda hwy medrwn orfoleddu, cyffesu ein pechodau, a'n hailgyflwyno'n hunain wrth ryfeddu at degwch Iesu.

'Rhosyn Saron yw ei enw,
Gwyn a gwridog, teg o bryd;
Ar ddeng mil y mae'n rhagori
O wrthrychau penna'r byd.'

Diolch am eiriau ac am y rhai sy'n gwybod sut i'w trin. Bu'r cerddor yntau wrthi gyda'i ddawn yn cyfansoddi miwsig ar gyfer yr emynau a'r farddoniaeth. Diolchwn am ddoniau'r cerddorion ac yn arbennig am y rheiny a roddodd inni weithiau fel y *Meseia* a chyfansoddiadau cyfoethog a mawreddog eraill. Diolchwn hefyd am leisiau cyfoethog sy'n cael eu defnyddio i ganu mawl i ti. Wrth inni fawrygu'r doniau, gad inni gofio mai eiddot ti yw pob dawn.

Molwn, felly, y rhai enwog am eu doniau arbennig, y rhai a ddaeth â chyfoeth a lliw i'n bywydau bob dydd. Ond na ad i ni anghofio'r rhai na adawodd enw ar eu hôl, y rhai distadl a ddefnyddiodd eu doniau cyffredin hyd eithaf eu gallu. Mae gan bawb ohonom ryw ddawn neu'i gilydd y gallwn ei datblygu. Boed inni beidio â chwerwi os na chawsom ddawn fawr neu dalent anghyffredin. Yn hytrach boed inni ymroi i ymarfer y dalent a roddwyd i ni. Gwna ni'n well gweision i ti yn ein meysydd arbennig, a dyro inni'r gostyngeiddrwydd i fodloni ar feithrin un dalent er gogoniant i ti. Pa dasg bynnag y gofynnir inni ei chyflawni, boed inni wneud hynny'n llawen.

Cyflwynwn ein hunain i ti gan ofyn am faddeuant am bob bai drwy Iesu Grist ein Gwaredwr. Amen.

John Owen